# A
# LIÇÃO FINAL

**Randy Pausch**

PROFESSOR, CARNEGIE MELLON UNIVERSITY

com Jeffrey Zaslow


TRADUÇÃO:

LAURA ALVES E AURÉLIO REBELLO


AGIR

Título original: *The Last Lecture*



Publicado original nos Estados Unidos e no Canadá por Hyperion
com o título de *The Last Lecture*. Tradução publicada em acordo com Hyperion.

Todas as imagens de miolo gentilmente cedidas pelo autor, exceto as fotografias nas páginas 5 e 193,
de Kristi A. Rines, do Hobbs Studio, Chesapeake, Virgínia

*Capa e ilustrações:* Phil Rose

*Projeto gráfico*: Julio Moreira

*Foto de capa:* Laura O'Malley Duzyk

*Revisão:* Maryanne B. Linz | Rebeca Bolite

*Produção editorial:* Juliana Romeiro

CIP-Brasil. Catalogação-na-fonte. Sindicato Nacional dos Editores de Livros, RJ.

P361L Pausch, Randy, 1960-
A lição final / Randy Pausch e Jeffrey Zaslow; tradução Laura Alves e Aurélio Rebello. — Rio de Janeiro: Agir, 2008.
il.;

Tradução de: The last lecture
Apêndice
ISBN 978-85-2200-920-6

1. Pausch, Randy,1960-. 2. Pais e filhos. 3. Morte. 4. Doentes terminais — Relações com a família. I. Zaslow, Jeffrey. II. Título.

CDD: 920.9306874
08-1333 CDU: 929:392.312

08 09 10 11 12 6 5 3 4 2 1

AGIR


AGIR EDITORA LTDA. — Uma empresa Ediouro Publicações S.A.
Rua Nova Jerusalém, 345 — CEP 21042-235 — Bonsucesso — Rio de Janeiro — RJ
Tel.: (21) 3882-8200 Fax: (21) 3882-8212/8313

Em agradecimento aos meus pais que me permitiram sonhar,
e na expectativa dos sonhos que meus filhos terão.

# Sumário

# Introdução

Estou enfrentando um problema de planejamento.

Embora em geral eu esteja em excelente forma física, tenho dez tumores no fígado e me restam apenas alguns meses de vida.

Sou pai de três crianças e sou casado com a mulher dos meus sonhos. Seria cômodo ficar me lamentando, mas isso não faria bem a eles nem a mim.

Então, como viver esse meu tempo tão limitado?

O óbvio é ficar com minha família e cuidar dela. Enquanto posso, estou com eles todos os instantes e tomo as providências logísticas necessárias para lhes facilitar o caminho na vida sem mim.

O menos óbvio é como ensinar a meus filhos o que eu lhes ensinaria nos próximos vinte anos. Agora eles são jovens demais para essas conversas. Todos nós, pais, desejamos ensinar os filhos a distinguirem o certo do errado, o que consideramos importante e como lidar com os desafios que a vida lhes trará. Também queremos que conheçam histórias de nossas vidas, uma maneira de ensinar-lhes a lidar com suas próprias vidas. Meu desejo de fazer isso me levou a ministrar uma "palestra de despedida" na Carnegie Mellon University.

Essas aulas costumam ser filmadas. Naquele dia eu sabia o que estava fazendo. A pretexto de promover uma palestra acadêmica, tentei me colocar dentro de uma garrafa que um dia aportasse à praia, para meus filhos. Se eu fosse pintor, teria pintado para eles. Se fosse músico, teria composto uma música. Mas, como sou professor, dei uma aula.

Falei da alegria de viver e de quanto eu apreciava a vida mesmo me restando tão pouco tempo. Discorri sobre honestidade, integridade, gratidão e outras coisas que estimo. E me esforcei ao máximo para não ser enfadonho.



Para mim, este livro é um meio de continuar o que iniciei naquele palco. Como o tempo é precioso e pretendo passar a maior parte dele com meus filhos, pedi ajuda a Jeffrey Zaslow. Todos os dias passeio de bicicleta pela vizinhança, um exercício fundamental para minha saúde. Durante 53 desses longos passeios de bicicleta, falei com Jeff pelo fone de ouvido do meu celular. Depois ele passou horas a fio ajudando a transformar minhas histórias – suponho que poderíamos denominá-las 53 "aulas" – nes te livro.

Desde o início sabíamos que nada substitui um pai vivo. Mas planejar não significa obter soluções perfeitas; significa fazer o melhor possível com recursos limitados. Tanto a palestra de despedida como este livro representam minhas tentativas para fazer exatamente isso.

# I

# A PALESTRA DE DESPEDIDA

# 1. Um leão ferido ainda tem vontade de rugir

**Muitos professores realizam** "palestras de despedida". Talvez você já tenha assistido a alguma.

É uma prática comum nas universidades. Pede-se aos professores que avaliem seu legado e discorram sobre assuntos que considerem importantes. E, enquanto eles discursam, os ouvintes não conseguem deixar de se perguntar: que ensinamentos transmitiríamos ao mundo se soubéssemos que se tratava de nossa última oportunidade? Se deixássemos de existir amanhã, o que desejaríamos deixar como herança?

Durante anos a Carnegie Mellon realizou uma série de "palestras de despedida". Mas quando os organizadores solicitaram que eu realizasse a minha, a série foi renomeada "Trajetórias" e pediu-se aos professores convidados que "fizessem reflexões sobre suas trajetórias pessoais e profissionais". A descrição não era das mais atraentes, mas concordei em participar. Minha palestra ficou marcada para setembro.

A essa época, eu já recebera o diagnóstico de câncer no pâncreas, mas estava otimista. Talvez viesse a ser um dos sortudos que sobrevivem.

Enquanto me submetia ao tratamento, os organizadores das palestras continuavam me enviando e-mails: "Que assuntos você vai abordar?", "Por favor, envie-nos um resumo". Há certas formalidades acadêmicas que não podem ser ignoradas, mesmo quando se está ocupado com outras coisas, como por exemplo, tentar não morrer. Em meados de agosto fui informado de que seria preciso imprimir um cartaz para a palestra e que, portanto, eu deveria decidir o tema.

Naquela mesma semana, entretanto, recebi a notícia de que o tratamento mais recente a que eu me submetera não havia funcionado. Restavam-me apenas alguns meses de vida.



Eu sabia que poderia cancelar a palestra. Todos entenderiam. De repente, havia muitas outras coisas por fazer. Eu precisava cuidar de meu próprio sofrimento e da tristeza dos que me amavam. Precisava me dedicar à organização dos assuntos familiares. E, no entanto, apesar de tudo, não conseguia desistir da idéia de fazer a palestra. Sentia-me revigorado ante à expectativa de realizar uma palestra de despedida que fosse, de fato, a última. O que eu diria? Como minhas palavras seriam recebidas? Será que conseguiria chegar ao fim?

Disse para a minha mulher:

– Se eu desistir, todos vão entender, mas na verdade eu quero fazer essa palestra.

Jai (pronuncia-se "Jei") sempre fora minha maior incentivadora. Quando eu me entusiasmava, ela também se entusiasmava.

Mas ela não gostou muito dessa idéia de palestra de despedida. Acabáramos de nos mudar de Pittsburgh para o sudeste da Virgínia de modo que, depois de minha morte, Jai e as crianças ficassem perto da família dela. Ela achava que eu deveria passar meu precioso tempo com nossos filhos, ou arrumando a casa nova, em vez de dedicar horas redigindo a palestra e ainda viajar até Pittsburgh para ministrá-la.

– Pode me chamar de egoísta – disse Jai –, mas eu o quero sempre por perto. Todo o tempo que você dedicar a essa palestra será tempo perdido, tempo que vai ficar longe das crianças e de mim.

Entendi onde ela queria chegar. Desde que adoecera, eu prometera a mim mesmo obedecer a Jai e atender seus desejos. Considerava um dever esforçar-me ao máximo para diminuir o fardo que minha doença impusera à vida dela. Por isso passei muitas horas acordado planejando o futuro da família sem minha presença. Mas, não conseguia me livrar do anseio de realizar a palestra de despedida.

Ao longo de minha carreira acadêmica, eu dera algumas palestras bastante boas. Mas ser considerado o melhor orador do departamento de Ciência da Computação equivale a ser conhecido como "o mais alto dos sete anões". E naquele exato momento percebi que dentro de mim havia algo mais, que, se eu me empenhasse ao máximo, talvez pudesse oferecer aos outros algo de especial. Sabedoria é uma palavra forte, mas talvez seja a melhor.

Jai não estava nada satisfeita. Então, levamos o assunto a Michele Reiss, a psicoterapeuta com quem começáramos a nos

Logan, Chloe, Jai, eu e Dylan.

consultar meses antes, especialista no auxílio a famílias que enfrentam uma doença terminal.

Jai disse à dra. Reiss:

– Conheço bem o Randy. Ele é viciado em trabalho. Sei exatamente como ele vai ficar quando estiver organizando a aula. Vai ficar exausto. – E argumentou que a palestra desviaria desnecessariamente minha atenção dos problemas cruciais que estávamos enfrentando em nossas vidas.

Outro assunto aborrecia Jai: para realizar a conferência como previsto, eu precisaria viajar para Pittsburgh na véspera, dia em que Jai completaria 41 anos.

– É meu último aniversário que nós comemoraremos juntos. E você vai se ausentar exatamente nesse dia? – indagou ela.

Com certeza, a idéia de estar longe de Jai nesse dia me atormentava. E, no entanto, eu não conseguia desistir da idéia da palestra. Passei a considerá-la o último momento de minha carreira, um meio de dizer adeus à minha "família de trabalho". Também me deparei fantasiando que a palestra de despedida equivaleria, em oratória, a um artilheiro de beisebol que se aposentava lançando uma última bola para a arquibancada. Sempre gostei muito da cena final de *Um homem fora de série* quando Roy Hobbs, o jogador de beisebol envelhecido, supera a dor física e consegue milagrosamente aquele fantástico *home run*.



A dra. Reiss escutou o que Jai e eu falamos. Disse que via em Jai uma mulher forte e amorosa, que pretendera passar décadas construindo uma vida plena com o marido, educando os filhos até a idade adulta, e que agora nossa vida em comum precisava se restringir a poucos meses. Quanto a mim, a dra. Reiss me considerava um homem ainda despreparado para se recolher inteiramente à vida doméstica e com certeza ainda despreparado para enfrentar a morte.

– Essa aula será a última vez que muita gente que eu gosto me verá em carne e osso – eu disse, categórico. – Terei a chance de expor tudo o que é realmente importante para mim, de consolidar a maneira pela qual serei lembrado e de fazer o melhor possível na hora da partida.

Mais de uma vez a dra. Reiss observara Jai e eu sentados no divã de seu consultório amparando um ao outro e com lágrimas nos olhos. Ela nos disse que via um grande respeito entre nós e que freqüentemente ficava emocionada ao extremo com nosso compromisso de encararmos a hora final bem e unidos. Mas achava que não lhe cabia avaliar se eu devia ou não dar a palestra.

– Vocês terão de decidir isso sozinhos – afirmou, aconselhando-nos a conversar muito para tomarmos a decisão correta para ambos.



Em razão da reticência de Jai, percebi que eu precisaria analisar honestamente minhas motivações. Por que essa palestra era tão importante para mim? Seria um meio de lembrar a mim mesmo e aos outros que eu ainda estava bem vivo? De provar que ainda tinha forças para atuar no palco? Seria eu um amante da ribalta que queria se exibir pela última vez? A resposta foi sim para todas as perguntas.

– Um leão ferido tem vontade de saber se ainda consegue rugir – disse a Jai. – É uma questão de dignidade e de auto-estima, que não são exatamente o mesmo que vaidade.

Havia algo mais em jogo. Eu começara a ver a palestra como um veículo que me levaria ao futuro que eu não viveria.

Lembrei a Jai a idade das crianças (5, 2 e 1) e disse:

– Veja, suponho que Dylan, com 5 anos, crescerá com algumas lembranças minhas. Mas até que ponto se lembrará realmente? O que você e eu lembramos de quando tínhamos 5 anos? Será que Dylan vai se lembrar de que eu brincava com ele, ou daquilo que nós dois ríamos juntos? No máximo serão recordações nebulosas. E quanto a Logan e a Chloe? Talvez não se lembrem de coisa alguma. Nada. Sobretudo Chloe. E posso afirmar que quando as crianças ficarem mais crescidas, passarão pela fase de querer saber ansiosa e insistentemente: "Quem era meu pai?", "Como ele era?" Essa aula poderá lhes servir de resposta.

Prometi a Jai que iria me certificar de que a Carnegie Mellon gravasse a aula.

– A gente consegue um DVD e você o mostrará às crianças, quando crescerem. Isso os ajudará a saberem quem eu era e a conhecerem as coisas que eu julgava importantes.



Jai me ouviu até o fim e depois fez a pergunta óbvia:

– Se você quer dizer algo às crianças, ou dar-lhes conselhos, por que não instala simplesmente uma câmera de vídeo em um tripé e grava tudo na sala daqui de casa?

Talvez assim ela garantisse minha presença. Ou talvez não. Assim como a floresta é o hábitat natural do leão, o meu ainda era o *campus* da universidade, diante dos alunos. Então eu disse a Jai:

– Uma coisa que aprendi é que quando os pais ensinam algo aos filhos, não faz mal algum haver certa aprovação externa. Se eu conseguir que o público ria e bata palmas na hora certa, talvez isso reforce o que estarei dizendo às crianças.

Jai sorriu para mim, seu artista agonizante, e finalmente aceitou. Sabia que eu andava ansioso para arranjar meios de deixar algum legado para nossos filhos. Pois bem, talvez a palestra fosse um caminho.

E assim, com a aprovação de Jai, eu tinha um desafio pela frente. Como transformar aquela palestra acadêmica em algo que repercutisse em nossos filhos daqui a uma década ou mais?

Uma coisa era certa: eu não queria que a aula se concentrasse em meu câncer. Já remoera o suficiente sobre a saga de minha doença. Não me interessava discursar, por exemplo, sobre minhas percepções da doença, como eu a enfrentara, ou quanto ela me abrira novas perspectivas. Talvez muitos esperassem uma palestra sobre a morte. Mas eu trataria da *vida*.



"O que me torna um ser único?", essa era a questão que eu me sentia impelido a abordar. Talvez a resposta me ajudasse a esboçar o que dizer. Sentado com Jai na sala de espera de um médico, no hospital Johns Hopkins, aguardando mais um laudo da patologia, ruminava meus pensamentos em voz suficientemente alta para ela ouvir.

– O câncer não me torna um ser único – disse eu. Quanto a isso não havia dúvida. Mais de 37 mil americanos recebem anualmente um diagnóstico de câncer de pâncreas.

Eu me esforçava tentando me definir: professor, cientista da computação, marido, pai, filho, amigo, irmão, mentor de meus alunos. Eram esses os papéis que eu valorizava. Mas será que eu de fato me destacava em algum deles?

Apesar de sempre ter tido um saudável senso de auto-estima, eu sabia que a aula precisava ser mais do que uma simples bravata. E perguntava a mim mesmo: "O que eu, e só eu, tenho realmente a oferecer?"

E então de repente, ali naquela sala de espera, eu soube exatamente a resposta. Surgiu como um relâmpago: independentemente de minhas conquistas, tudo o que eu amava estava arraigado em meus sonhos e objetivos de criança... e nos meios que eu utilizara para realizar quase todos eles. Percebi que o que me tornava único vinha dos sonhos que marcavam meus 46 anos de vida – desde os incrivelmente significativos até os decididamente bizarros. Sentado ali, eu me dei conta de que apesar do câncer eu me considerava de fato um homem de sorte, porque transformei aqueles sonhos em realidade. E isso aconteceu em grande parte graças ao que aprendi ao longo do caminho, com pessoas extraordinárias de todo tipo. Achei que, se fosse capaz de contar minha história com total paixão, minha palestra talvez ajudasse outras pessoas a encontrar um meio de realizar os próprios sonhos.

Eu levara meu *laptop* para aquela sala de espera e, animado por essa revelação, me apressei a digitar um e-mail para os organizadores da palestra. Disse-lhes que afinal conseguira um título. E escrevi: "Minhas desculpas pelo atraso. Vamos intitulá-la: 'Como realizar os sonhos de infância.'"

# 2. Minha vida em um *laptop*

Como catalogar exatamente nossos sonhos infantis? Como fazer com que outras pessoas retomem os seus? Como cientista, essas não eram perguntas com que eu costumasse me debater.

Durante quatro dias, sentei-me diante do computador em nossa nova casa na Virgínia, escaneei *slides* e fotos para uma apresentação em PowerPoint. Sempre pensei visualmente, portanto sabia que a palestra não teria texto – nenhum roteiro escrito. Mas reuni trezentas imagens de minha família, de alunos e colegas, além de dezenas de ilustrações incomuns que explicariam meus sonhos de infância. Em alguns *slides* inseri palavras – pequenos conselhos, provérbios. Quando eu estivesse no palco, tudo isso supostamente me lembraria o que dizer.

Enquanto elaborava a palestra, me levantava a toda hora para brincar com as crianças. Jai viu meu esforço para permanecer engajado na vida familiar, embora ainda achasse que eu gastava tempo demais com a aula, em especial porque acabáramos de chegar à casa nova. Naturalmente, ela preferiria que eu cuidasse dos caixotes empilhados pela casa inteira.

A princípio, Jai não planejava assistir à minha apresentação. Achava que era melhor ficar na Virgínia com as crianças, tratando das dezenas de coisas que precisavam ser feitas em conseqüência de nossa mudança. Eu continuava insistindo:

– Quero você lá. – Na verdade, eu precisava desesperadamente de sua presença. E, afinal, ela concordou em tomar um avião para Pittsburgh na manhã da palestra.

Eu, porém, precisava chegar um dia antes, mais exatamente às 13:30h do dia 17 de setembro, quando Jai completava 41 anos. Dei-lhe um beijo, me despedi das crianças e rumei para o aeroporto. Comemoramos o aniversário na véspera, com uma festinha na casa do irmão dela. Mesmo assim, minha partida era um lembrete desagradável de que eu estaria ausente neste seu aniversário e em todos os seus aniversários futuros.



O avião aterrissou em Pittsburgh e fui recebido no aeroporto por meu amigo Steve Seabolt, que viajara de São Francisco para lá. Nós dois criáramos um vínculo de amizade anos antes, quando eu passara um período sabático na Electronic Arts, a produtora de *videogames* na qual Steve é executivo. Ficamos próximos como irmãos.

Steve e eu nos abraçamos, alugamos um carro e partimos juntos, trocando piadas de humor negro. Ele contou que acabara de vir do dentista e eu me gabei de que nunca mais precisaria de dentista.

Paramos em um restaurante da estrada para comer e pus o *laptop* sobre a mesa. Mostrei-lhe rapidamente meus *slides*, já reduzidos a 280.

– Está longo demais. Todo mundo estará morto quando você acabar a apresentação – disse-me Steve.

A garçonete, uma grávida de uns 30 anos, com o cabelo louro desbotado, chegou à nossa mesa exatamente quando surgira na tela uma fotografia de meus filhos.

– Que crianças fofas! – exclamou. Perguntou-me os nomes e eu respondi:

– Dylan, Logan e Chloe... – A garçonete disse que o nome de sua filha também era Chloe e ambos sorrimos com a coincidência. Steve e eu continuamos vendo a apresentação em PowerPoint e ele me ajudou a reduzi-la.



Quando a garçonete trouxe nossa comida, eu a parabenizei pela gravidez.

– Você deve estar extremamente feliz – disse-lhe.

– Não exatamente – reagiu ela. – Foi um acidente.

Enquanto ela se afastava, não pude deixar de me surpreender com sua franqueza. Sua observação espontânea lembrou-me dos elementos acidentais que estão em jogo tanto em nossa chegada à vida... quanto em nossa partida para a morte. Aquela mulher, por acidente, ia ter um filho, que com certeza viria a amar. Quanto a mim, por causa do câncer, deixaria três crianças que cresceriam sem meu amor.

Uma hora depois, sozinho em meu quarto de hotel, meus filhos não me saíam da cabeça enquanto eu continuava a eliminar e a reorganizar imagens para a palestra. Naquele quarto, o acesso à internet era instável, o que me exasperava, porque eu ainda vasculhava a rede à procura de imagens. Para piorar a situação, comecei a sentir os efeitos da sessão de quimioterapia a que me submetera dias antes. Tive cãibras, náusea e diarréia.

Trabalhei até meia-noite, adormeci e acordei às 5 da manhã, em pânico. Parte de mim duvidava de que a palestra funcionasse. Pensei: "É exatamente isso que acontece quando se tenta contar a história de toda uma vida em uma hora!"

Continuei a reformular, repensar, reorganizar. Por volta das 11 horas, achei que conseguira uma linha narrativa melhor: talvez funcionasse. Tomei banho e me vesti. Ao meio-dia, Jai chegou do aeroporto e se reuniu a mim e a Steve para almoçarmos. A conversa foi solene, e Steve prometeu ajudar a cuidar de Jai e das crianças.



Às 13:30h recebi uma homenagem: descerraram uma placa com meu nome sobre a porta do laboratório de computação do *campus* em que passei a maior parte da vida. Às 14:15h estava em meu escritório, mais uma vez passando mal – completamente exausto, enjoado em conseqüência da quimioterapia e me perguntando se deveria subir ao palco usando a fralda geriátrica que trouxera como precaução.

Steve me aconselhou a me deitar um pouco no sofá do escritório. Segui sua recomendação, mas mantive o *laptop* sobre a barriga para poder continuar os ajustes. Cortei mais sessenta *slides*.

Às 15:30h já havia fila para minha palestra. Às 16 horas me levantei do sofá e comecei a reunir forças para caminhar pelo *campus* até o auditório. Em menos de uma hora, eu precisaria estar no palco.

# 3. O elefante na sala

**Jai já estava no auditório** – inesperadamente lotado com quatrocentas pessoas – e enquanto eu subia ao palco para me organizar, ela pôde perceber todo o meu nervosismo. Enquanto eu me ocupava arrumando minhas coisas, ela notou que eu praticamente não fazia contato visual com ninguém. Pensou que eu não conseguiria olhar para a multidão, sabendo que poderia ver algum amigo ou antigo aluno, porque ficaria emocionado demais com aquele contato visual.

Havia sussurros na platéia enquanto eu me aprontava. As pessoas que estavam ali para ver qual seria a aparência de um homem morrendo de câncer no pâncreas com certeza se perguntavam: aquele cabelo era meu mesmo? (Sim, conservei todo o meu cabelo durante a quimioterapia.) Conseguiriam perceber quão perto da morte eu estava à medida que falasse? (Minha resposta era: esperem para ver!)

Mesmo faltando apenas alguns minutos para a palestra, eu continuava ocupado no púlpito, eliminando alguns *slides*, reorganizando outros. Ainda trabalhava quando me deram o sinal:

– Estamos prontos – disse-me alguém.

☆ ☆ ☆

Eu não usava terno nem gravata. Não subiria ali vestindo um professoral paletó de *tweed* com couro nos cotovelos. Em vez disso, para realizar minha palestra, escolhera a roupa mais apropriada a sonhos infantis que encontrei em meu armário.

Admito que, à primeira vista, eu parecia um desses garotos que trabalham em *drive-thru*. Mas na verdade, a logomarca de minha camisa pólo de mangas curtas era como uma medalha, pois é a mesma usada pelos artistas, escritores e engenheiros que criam as atrações dos parques temáticos da Disney. Em 1995, passei um período sabático de seis meses como um deles. Foi um ponto alto em minha vida, a realização de um sonho de criança. Por essa razão, também usei o crachá oval com o nome "Randy" que me deram quando trabalhei na Disney. Dessa maneira, eu prestava homenagem àquela experiência de vida e ao próprio Walt Disney, autor da famosa frase: "Se você consegue sonhar algo, consegue realizá-lo."

Agradeci a presença da platéia, contei umas piadas e disse:

– Se houver alguém que tenha entrado aqui e não saiba o que está me acontecendo agora, meu pai sempre me ensinou que, se houver um elefante na sala, trate de apresentá-lo. Se olharem minhas tomografias computadorizadas, verão aproximadamente dez tumores em meu fígado. E os médicos disseram que me restam entre três a seis meses de boa saúde. E isso há um mês, portanto podem fazer as contas.

Mostrei na tela a imagem gigantesca da tomografia de meu fígado. O *slide* trazia o título "O elefante na sala" e, para ajudar, inseri setas vermelhas apontando para cada tumor.

Deixei o *slide* parado para que o público acompanhasse as setas e contasse os meus tumores e disse:

– Pois bem. É isso aí. Não podemos mudar. Temos de resolver como reagir. Não podemos trocar as cartas que recebemos, mas apenas pensar como jogar.

Naquele momento eu me sentia decididamente saudável e inteiro, o Randy dos velhos tempos, sem dúvida fortalecido pela adrenalina e pela emoção de uma casa cheia. Sabia que minha aparência também era bastante saudável e que algumas pessoas talvez tivessem problemas em admitir que eu estivesse perto da morte. Então comecei:



– Se não pareço melancólico e deprimido como deveria, sinto muito desapontá-los...

Depois que as pessoas riram, acrescentei:

– Garanto que não estou fingindo. Não que eu não tenha consciência do que está acontecendo. Minha família, mulher e três filhos, acaba de levantar acampamento. Compramos uma casa adorável na Virgínia porque será melhor a família morar por aqueles lados – e mostrei um *slide* da nova casa suburbana que acabáramos de comprar. Sobre a foto da casa, a frase: "Não estou negando a realidade."

Meu argumento era: Jai e eu decidíramos cortar os vínculos de nossa família e eu lhe pedira para abandonar uma casa que ela amava e amigos que se importavam com ela. Afastáramos as crianças dos coleguinhas de Pittsburgh. Encaixotáramos nossas vidas, lançando-nos em um furação que nós mesmos havíamos provocado, quando poderíamos simplesmente ter nos isolado em Pittsburgh, à espera de minha morte. E fizéramos essa mudança porque sabíamos que quando eu me fosse, Jai e as crianças precisariam viver em um lugar em que a família dela pudesse ajudá-los e amá-los.

Eu também queria que o público soubesse que eu parecia bem e me sentia bem, em parte porque meu corpo começara a se recuperar da quimioterapia e da radiação debilitantes. Na época eu me submetia a uma quimioterapia paliativa, mais fácil de suportar.

– Neste exato momento estou com uma saúde fenomenal, quero dizer, a maior incongruência que vocês já viram é que estou realmente em boa forma. De fato, estou em melhor forma do que a maioria de vocês.

Fui para o centro do palco. Horas antes não sabia se teria energia para fazer o que estava prestes a fazer, mas naquele instante sentia-me animado e forte. Atirei-me ao chão e comecei a fazer flexões.

Na platéia, risos e aplausos de surpresa, era quase como se eu pudesse sentir a ansiedade de cada um. Ali não estava apenas um homem morrendo. Era apenas eu, pronto para começar.

# II

# A REALIZAÇÃO DOS SONHOS DE INFÂNCIA

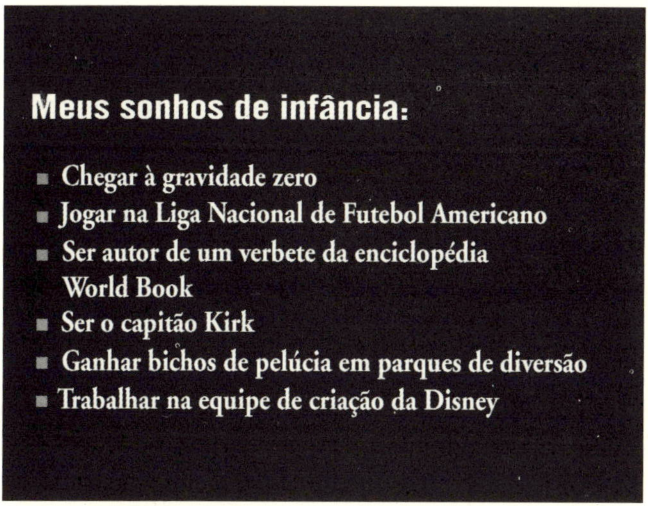


Um *slide* de minha palestra.

# 4. A loteria dos pais

**Eu ganhei a loteria dos pais.** Nasci com um bilhete premiado, um motivo importante que me permitiu realizar meus sonhos de infância.

Minha mãe era uma professora de inglês rigorosa, da escola tradicional, durona. Exigia muito dos alunos, resistindo aos pais que reclamavam que ela esperava demais das crianças. Como seu filho, eu conhecia um pouco do seu nível de exigência e isso foi minha sorte.

Meu pai foi paramédico durante a Segunda Guerra Mundial e serviu na Batalha do Bulge. Fundou uma associação beneficente para ajudar filhos de imigrantes a aprenderem inglês. Como ganha-pão, dirigia um pequeno negócio de venda de seguros para automóveis no centro de Baltimore. Seus clientes em geral eram pessoas pobres, com problemas de crédito ou poucos recursos, e ele sempre conseguia dar um jeito de fechar um seguro nestas condições. Por milhões de razões, meu pai era meu herói.

Cresci confortavelmente na classe média de Columbia, em Maryland. Dinheiro nunca era um assunto em discussão em nossa casa, principalmente porque meus pais nunca sentiram necessidade de gastar muito. Eram frugais ao extremo. Raramente saíamos para jantar. Íamos ao cinema talvez uma ou duas vezes por ano. "Assista à TV", diziam meus pais. "É de graça. Ou melhor ainda, vá à biblioteca e pegue um livro."

Quando eu tinha 2 anos e minha irmã 4, mamãe nos levou ao circo. Eu quis ir novamente aos 9 anos, mas ela disse: "Você não precisa. Já foi ao circo uma vez."

Pelos padrões de hoje, isso pode soar opressivo, mas na verdade foi uma infância mágica. Eu de fato me vejo como um sujeito que teve esse incrível início de vida porque tive pais que valorizavam o que era certo.



Não comprávamos muito, mas conversávamos sobre tudo, porque meu pai tinha uma curiosidade contagiante sobre atualidades, história, nossas vidas. Na verdade, cresci achando que existiam dois tipos de família:

1) as que precisavam de um dicionário durante o jantar e
2) as que não precisavam.

Nós éramos do primeiro tipo. Quase toda noite acabávamos consultando o dicionário, que guardávamos em uma prateleira a alguns passos da mesa. Meus pais diriam: "Se você tem uma pergunta, trate de encontrar a resposta."

Em nossa casa, não éramos de ficar sentados, vendo o tempo passar, alheios. Conhecíamos um jeito melhor: abrir a enciclopédia. Abrir o dicionário. Abrir a mente.

Meu pai também era um incrível contador de histórias e dizia sempre que elas devem ser contadas por algum motivo. Apreciava histórias e relatos que se transformavam em lições de moral. Era um mestre nesse tipo de história, e eu herdei suas técnicas. Por isso quando minha irmã, Tammy, assistiu à palestra de despedida *on-line*, via minha boca se movimentar e ouvia uma voz que não era a minha. Era a do meu pai. Ela sabia que eu estava reciclando vários de seus ditados favoritos. Não negarei isso nem por um segundo. Na verdade, às vezes no palco eu me sentia como se o encarnasse.

Quase todo dia cito meu pai. Faço isso porque quando você tenta ensinar algo novo, muita gente tende a não prestar atenção. Mas se você se refere a experiência de outra pessoa, tudo parece menos arrogante e mais aceitável. Naturalmente, se você tem alguém como meu pai, é inevitável citá-lo em todas as oportunidades possíveis.



Ele me ensinou a me encaminhar na vida. Dizia coisas assim: "Só tome uma decisão se for necessário." Ele também me advertiu para ser justo, mesmo que eu estivesse em posição superior, no trabalho ou em meus relacionamentos. "O simples fato de estar ao volante não significa ter o direito de passar por cima dos outros."

Ultimamente eu me deparo citando meu pai, mesmo que ele não tenha dito aquilo. Qualquer que seja minha mensagem, é bem provável que tenha aprendido com ele. Meu pai parecia saber tudo.

Minha mãe, por outro lado, também sabia muito. Durante toda a minha vida ela considerou parte de sua missão desafiar minha petulância. Hoje eu lhe agradeço por isso. Até hoje, se alguém lhe pergunta como eu era em criança, ela me descreve como "sempre atento, mas não muito precoce". Atualmente os pais elogiam os filhos como se fossem gênios. E minha mãe achava que "alerta" bastava como elogio.

Durante meus estudos preparatórios para o doutorado, enfrentei a chamada "qualificação teórica", que hoje posso afirmar ter sido a segunda pior coisa na minha vida depois da quimioterapia. Quando me queixei para minha mãe sobre a terrível dificuldade do teste, ela se inclinou, bateu de leve em meu braço e disse: "Sabemos muito bem como você está se sentindo, meu querido. Mas lembre-se: na sua idade o seu pai estava lutando contra os alemães."



Quando concluí o doutorado, minha mãe gostava de me apresentar assim: "Este é meu filho. É doutor, mas não daqueles que ajudam as pessoas."

Meus pais sabiam o significado real de ajudar as pessoas. Estavam sempre em busca de grandes projetos fora do comum e se dedicavam a eles de corpo e alma. Mantinham um alojamento para cinqüenta meninas no interior da Tailândia, destinado a mantê-las na escola e longe da prostituição.

Minha mãe sempre foi extremamente caridosa. E meu pai se contentava em dar tudo o que tinha e andar malvestido, em vez de morar em um bairro melhor, onde todos nós preferiríamos. Nesse sentido, considero-o o homem mais "cristão" que conheci. Também foi um grande batalhador em prol da igualdade social. Diferentemente de minha mãe, não simpatizava muito com as religiões organizadas. (Nós éramos presbiterianos.)

Preferia se dedicar a ideais mais nobres e dizia que a igualdade era o maior de todos os objetivos. Tinha grande esperança na sociedade e, embora muitas vezes a realidade as contrariasse, sempre foi um otimista ferrenho.

Aos 83 anos meu pai foi diagnosticado com leucemia. Ao saber que lhe restava pouco tempo de vida, tratou de doar seu corpo para a medicina e fez uma doação para que seu programa na Tailândia durasse pelo menos mais seis anos.

Muitas pessoas que assistiram à minha palestra de despedida se emocionaram com uma foto em particular: nela estou de pijama, apoiado num dos cotovelos, e fica evidente que eu fui um garoto que adorava alimentar grandes sonhos.

A viga de madeira em primeiro plano é o meu beliche. Papai, excelente marceneiro, fez essa cama para mim. O sorriso no

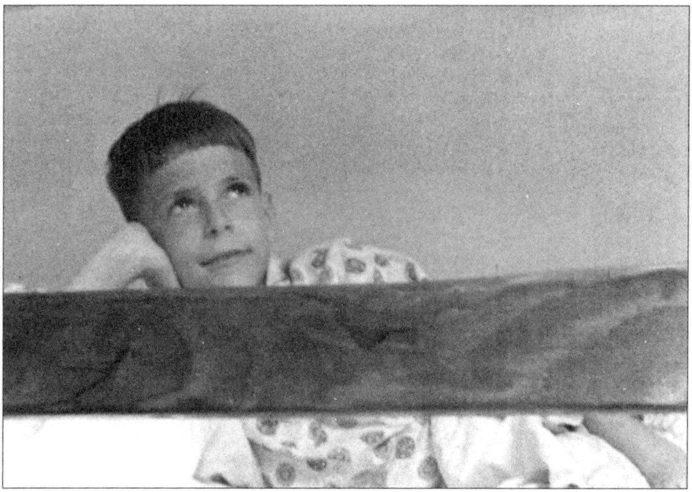

rosto do garoto, a viga de madeira, o olhar: essa foto me faz lembrar que ganhei a loteria dos pais.

Embora eu tenha certeza de que meus filhos terão uma mãe adorável que os guiará brilhantemente pela vida afora, eles não terão o pai. Já aceitei isso, mas dói muito.

Gostaria de saber se meu pai aprovaria a maneira como estou me comportando nestes últimos meses de vida. Ele me aconselharia a deixar tudo em ordem para Jai e a passar todo o tempo possível com as crianças – como estou fazendo. Sei que acharia sensato nos mudarmos para a Virgínia.

Também acho que papai me lembraria que, acima de tudo, as crianças precisam saber que os pais as amam muito. E os pais não precisam estar vivos para isso acontecer.

# 5. O elevador da casa de campo

**Sempre foi difícil conter** minha imaginação, e quando eu estava no ensino médio tive vontade de pintar nas paredes de meu quarto de menino algumas idéias que giravam em minha cabeça.

Pedi licença a meus pais, dizendo:

– Quero pintar umas coisas nas paredes.

– Que coisas? – eles perguntaram.

– Coisas do meu interesse – respondi. – Acho que vai ficar legal. Vocês vão ver.

Para meu pai a explicação foi suficiente. Por isso ele era tão fantástico. Incentivava a criatividade dando-nos apenas um sorriso. Amava ver o brilho do entusiasmo transformado em fogos de artifício. Ele entendia minha necessidade de me expressar de maneiras nada convencionais. Portanto, achou minha aventura de pintar paredes uma idéia brilhante.

Mamãe não se entusiasmou tanto com a história, mas logo concordou, ao ver toda a minha animação. Sabia que a opinião de papai costumava prevalecer nessas situações e que, portanto, ela deveria se render pacificamente.

Durante dois dias, ajudado por Tammy e por meu amigo Jack Sheriff, pintei as paredes do quarto. Papai, sentado na sala, lendo o jornal, esperava pacientemente a revelação. Mamãe andava de um lado para outro no corredor, totalmente nervosa. Ficava bisbilhotando, tentando dar uma espiada, mas nos mantivemos trancados. Como costumam dizer, aquele quarto tinha "acesso restrito".

E o que pintamos?



Pois bem, eu queria uma equação quadrática na parede. Em uma equação quadrática, ou de segundo grau, o maior valor de uma incógnita é um quadrado. Sempre nerd, achei que isso merecia uma comemoração. Bem perto da porta pintei:

$$\frac{-b \pm \sqrt{b^2 - 4ac}}{2a}$$

Jack e eu pintamos com tinta prateada uma grande porta de elevador. À esquerda da porta desenhamos botões "Sobe" e "Desce" e em cima do elevador, um painel com os números de um a seis, indicando andares. O número "três" estava aceso. Nós morávamos em uma casa de campo – de apenas um andar –, portanto fantasiei bastante ao imaginar seis andares. Mas quando lembro disso, me pergunto por que não pintei oitenta ou noventa andares. Se eu sonhava tão alto, por que

meu elevador parou no número três? Não sei. Talvez fosse um símbolo do equilíbrio de minha vida entre aspiração e pragmatismo.

Dada a limitação de meus dons artísticos, achei melhor basear os desenhos em formas geométricas. Portanto, pintei uma nave espacial com asas. Pintei o espelho da Branca de Neve com a frase: "Lembras que te disse que eras a mais bela? Menti!"

No teto, Jack e eu escrevemos: "Estou preso no sótão!" Pintamos as letras ao contrário, para parecer um pedido de SOS de alguém que havíamos trancado lá em cima.

Eu gostava muito de xadrez, então Tammy pintou peças de xadrez (ela era a única de nós três com algum talento para desenhar). Enquanto ela se ocupava com esse desenho, pintei por trás do beliche um submarino no mar. Acrescentei um periscópio espreitando por cima da cama, em busca de navios inimigos.

Sempre gostei da história da caixa de Pandora, portanto Tammy e eu pintamos nossa versão. Segundo a mitologia grega, Pandora recebeu uma caixa contendo todos os males do mundo. Ela desobedeceu as ordens de não abri-la. Quando tirou a tampa, o mal se espalhou pelo mundo inteiro. Sempre tive fascínio pelo fim otimista da história: no fundo da caixa restara a "esperança". E assim, dentro de minha caixa de Pandora escrevi a palavra "esperança". Ao ler isso, Jack não resistiu e acrescentou: "Bob".[1] Quando meus amigos entravam em meu quarto, levavam sempre alguns minutos para entender o que a palavra "Bob" fazia ali. Depois vinha o inevitável olhar de enfado.



Estávamos no fim da década de 1970, por isso escrevi: "Discoteca é um saco!" Mamãe achou vulgar. Certo dia, sem que eu visse, ela passou tinta por cima da palavra "saco". Foi a única interferência que ela fez.

Meus amigos ficavam sempre muito impressionados: "Não acredito que seus pais tenham deixado você pintar o quarto!"

Embora minha mãe não tivesse achado ótimo na ocasião, nunca mandou repintar o quarto, mesmo décadas depois de eu ter saído de casa. Na verdade, com o tempo, o quarto se transformou no cômodo principal quando ela mostrava a casa às visitas. Mamãe começou a concluir que as pessoas achavam muito interessante. E que ela fora legal por me deixar fazer aquilo.

---

[1] "Bob" ao lado da palavra "Hope" (esperança, em inglês), em alusão ao comediante norte-americano Bob Hope. (N. dos T.)

Isto serve para todos os pais: se seus filhos quiserem pintar os respectivos quartos, façam-me o favor de permitir. Será muito bom. Não se preocupem com o valor de revenda do imóvel.

Não sei quantas vezes ainda poderei voltar a meu quarto de criança. Mas toda vez que vou lá me sinto presenteado. Ainda durmo no beliche feito por meu pai, olho aquelas paredes malucas, penso em meus pais permitindo que eu as pintasse e caio no sono, feliz e satisfeito.

# 6. Chegar à gravidade zero

**É importante ter sonhos específicos.**

Quando eu cursava o primeiro grau, muitas crianças queriam ser astronautas. Desde cedo soube que não seria aceito pela Nasa. Ouvi dizer que os astronautas não podem usar óculos. Por mim tudo bem, pois a carreira de astronauta não me interessava. O que eu queria mesmo era flutuar.

Acontece que a Nasa dispõe de um avião para ajudar os astronautas a se aclimatarem com a gravidade zero. Todo mundo se refere a ele como o "Cometa Vômito", embora a Nasa o chame de "A maravilha da ausência de peso", um artifício para distrair a atenção do óbvio.

Independentemente do nome, o aparelho é sensacional. Executa arcos parabólicos, e no alto de cada arco tem-se a sensação de ausência de peso durante cerca de 25 segundos. À medida que o avião mergulha, a sensação é a de descer numa montanha-russa, mas na verdade a pessoa está suspensa, voando.

Meu sonho se tornou possível quando soube que a Nasa tinha um programa em que universitários poderiam apresentar propostas para experiências no avião. Em 2001, nossa equipe da Carnegie Mellon propôs um projeto utilizando realidade virtual.

A ausência de peso é uma sensação difícil de imaginar para quem passou a vida como habitante da Terra. À gravidade zero, o ouvido interno, que controla o equilíbrio, perde a sintonia com o que os olhos estão vendo. O resultado mais freqüente é a náusea. Será que simulações de realidade virtual ajudariam? Essa era a questão central de nossa proposta, que foi a vencedora. Fomos convidados a experimentar o avião no Centro Espacial Johnson, em Houston.



É provável que eu estivesse mais empolgado do que todos os meus alunos. Flutuar! Mas depois recebi a má notícia de que a Nasa deixara bem claro que em circunstância alguma os orientadores poderiam acompanhar os alunos no vôo.

Fiquei de coração partido, mas não desisti. Haveria de encontrar um meio de contornar aquele obstáculo. Decidi ler com atenção toda a bibliografia sobre o programa, à procura de uma brecha. E encontrei: a Nasa, sempre ávida por publicidade, permitiria que um jornalista da mesma cidade que os estudantes os acompanhasse no vôo.

Telefonei para um oficial da Nasa e pedi o número do seu fax.

– O que vai nos enviar pelo fax? – ele perguntou. Expliquei-lhe que desistia de ir como orientador e me inscrevia como jornalista.

– Acompanharei meus alunos em minha nova função como jornalista – concluí.

E ele:

– Assim fica um pouco óbvio, não acha?

– É verdade – respondi. Mas também prometi publicar um relato de nossa experiência em portais de internet e enviar filmes de nossas proezas com a realidade virtual para outros jornais de grande circulação. Sabia que isso seria possível e que todos sairiam ganhando. Ele me deu o número do fax.

Como complemento, fica aqui uma lição: sempre tenha algo a oferecer, pois assim será mais bem recebido.

Minha experiência com a gravidade zero foi espetacular (e sem vômitos, felizmente). Mas fiquei um pouco zonzo porque no fim dos mágicos 25 segundos, quando a gravidade retorna ao avião, é como se você tivesse o dobro de seu peso. Você pode cair com força. Por isso insistiam tanto: "Pés para baixo!" Ninguém vai querer aterrissar de cabeça para baixo.

Eu só queria flutuar...

Mas consegui entrar naquele avião quase quatro décadas depois que flutuar se tornara um dos objetivos de minha vida. Isso prova que se acharmos uma brecha, provavelmente acharemos um meio de flutuar por ela.

# 7. Nunca fiz parte da Liga Nacional de Futebol Americano

**Sou apaixonado por** futebol americano. Comecei a jogar aos 9 anos e esse esporte me conquistou. Ajudou a formar minha personalidade. E, apesar de eu não ter chegado à Liga Nacional de Futebol Americano (NFL, na sigla em inglês), às vezes acho que lucrei mais perseguindo esse sonho irrealizado do que com tantos outros que de fato concretizei.

Minha paixão pelo futebol americano começou quando meu pai me arrastou para me inscrever em um clube, enquanto eu resistia, pulando e gritando. Eu era fracote por natureza e de longe o menor do grupo. Meu medo se transformou em pavor quando conheci o treinador, Jim Graham, um gigantesco "paredão" de quase 2 metros de altura, que jogara na defesa do time da Penn State e tinha um estilo tradicional. Quero dizer, tradicional de verdade; achava o passe para o gol um drible desleal.

No primeiro dia de treino, estávamos morrendo de medo. Ainda mais porque ele não trouxera uma só bola de futebol. Afinal um garoto falou por nós todos:

– Desculpe, treinador, mas não há bolas de futebol.

E o treinador Graham respondeu:

– Não precisamos de bolas.

Fez-se silêncio, todos nós estranhando a explicação...

– Quantos homens entram em campo em uma partida de futebol? – indagou ele.

– Onze em cada time – respondemos. – Ao todo, são 22.

– E quantos estão com a bola de cada vez?

– Um.



– Correto – disse ele. – Portanto, nós vamos treinar o que os outros 21 garotos devem fazer.

Fundamentos. Foi o grande legado que o treinador Graham nos deixou. Fundamentos, fundamentos, fundamentos. Como professor universitário, percebi que tantos jovens se prejudicavam por ignorarem esta lição: é preciso aprender bem os fundamentos, caso contrário as firulas não funcionam.

☆ ☆ ☆

O treinador Graham costumava exigir muito de mim. Lembro-me de um treino em particular.

– Pausch, você está fazendo tudo errado. Volte! Repita! – Tentei fazer o que ele queria. Não foi suficiente. – Está me devendo, Pausch! Vai fazer flexões depois do treino.

Quando eu finalmente acabei, um dos treinadores assistentes se aproximou para me animar:

– Hoje o treinador Graham exigiu muito de você, não foi?

Eu mal consegui balbuciar um "sim".

O treinador assistente comentou:

– Isso é bom! Se você se esforça e ninguém lhe diz nada é sinal de que desistiram de você.

Essa lição me acompanhou pela vida afora. Quando você se depara tendo um desempenho ruim em alguma atividade e ninguém lhe chama a atenção, isso é ruim. Talvez você não goste de ouvir, mas muitas vezes as pessoas que o criticam estão lhe dizendo que ainda o amam e se preocupam com você, e querem torná-lo ainda melhor.

Atualmente fala-se muito em incutir auto-estima nas crianças. Mas isso não é algo a lhes ser *incutido*, é algo que elas precisam construir. O treinador Graham não fazia concessões. Auto-estima? Ele sabia que na verdade só havia um meio de ensinar as crianças a desenvolvê-la: peça-lhes algo que não possam fazer e elas se esforçarão até descobrirem que conseguem, e depois é só repetir o processo.

Quando fui levado ao treinador Graham pela primeira vez, eu era um garoto fracote, sem habilidade, sem força muscular, sem condicionamento físico. Mas ele me ensinou que se eu me esforçasse bastante, amanhã poderia fazer coisas que hoje não consigo. Até hoje, mesmo tendo acabado de completar 47 anos, ainda consigo um lance de três pontos que orgulharia qualquer atacante da NFL.

Entendo que nos dias de hoje um sujeito como o treinador Graham seria expulso de uma liga esportiva juvenil. Era exigente demais. Os pais se queixariam dele.

Lembro-me de um jogo em que nosso time estava jogando muito mal. No intervalo, enquanto corríamos para tomar água, quase derrubamos o garrafão. O treinador Graham estava pálido:

– Que merda! Desde o início do jogo essa é a primeira vez que eu vejo vocês se mexerem! – Nós todos tínhamos 11 anos e ficamos ali parados, com medo de que ele nos pegasse um a um e nos quebrasse com as mãos. – Água? – gritou. – Vocês querem água, é? – ergueu o garrafão e derramou toda a água no chão.



Nós o vimos se retirar e o ouvimos resmungar para um treinador assistente:

– Pode dar água para a primeira linha da defesa. Eles jogaram bem.

Agora deixe-me esclarecer: o treinador Graham jamais poria um garoto em risco. Um motivo para ser tão duro nos treinamentos era saber que isso reduz as lesões. Entretanto, fazia frio, nós todos tínhamos bebido água durante o primeiro tempo e a corrida até o garrafão era mais uma atitude de um bando de garotos mimados do que uma necessidade real de se hidratar.

Apesar de tudo, se um incidente como esse acontecesse hoje, os pais que estivessem assistindo pegariam seus celulares e ligariam para o diretor da liga ou talvez para o advogado.

Entristece-me ver tantos garotos mimados hoje em dia. Recordo o que senti com aquela repreensão no intervalo do jogo. É verdade que eu estava com sede. Mas, sobretudo, me senti humilhado. Todos nós desapontáramos o treinador Graham, e ele nos comunicou isso de um jeito que jamais esqueceremos. E ele estava certo. Nós demonstráramos mais energia rumo ao garrafão de água do que no maldito jogo. E a bronca que ele nos deu foi significativa. No segundo tempo, voltamos ao campo e nos empenhamos ao máximo.

Não vi mais o treinador Graham desde minha adolescência, mas ele continua presente em meus pensamentos, me obrigando a me esforçar mais, sempre que estou prestes a desistir, me obrigando a ser melhor. Ele me deu lições que me acompanharam vida afora.



Quando escolhemos que nossos filhos pratiquem esportes – futebol americano, futebol, natação, etc. –, em geral não pretendemos que eles aprendam todos os meandros desses esportes.

Queremos na verdade que eles aprendam algo mais importante: trabalho em equipe, perseverança, espírito esportivo, o valor do esforço, capacidade para lidar com a adversidade. A esse tipo de aprendizado indireto alguns dão o nome de drible.

Existem dois tipos de dribles. O primeiro é literal. Em um campo de futebol, um jogador move a cabeça de um jeito e você pensa que ele está indo naquela direção. Então ele vai no sentido oposto. É como um mágico usando o falso direcionamento. O treinador Graham costumava nos ensinar a olhar para a cintura de um jogador. Ele dizia:

– Para onde o umbigo dele apontar, o corpo irá.

O segundo tipo de drible é o que realmente importa: o que ensina às pessoas coisas que elas só se darão conta de que estão aprendendo quando o processo já estiver em pleno andamento. Se você é um especialista em dribles, seu objetivo oculto é fazê-las aprenderem algo que você quer que elas aprendam.

Esse tipo de aprendizado de dribles é de importância vital. E o treinador Graham foi um mestre.

# 8. Você pode me encontrar na letra "V"

**Vivo na era do computador e adoro!** Há muito tempo aderi aos *pixels*, às estações de trabalho com vários monitores e à supervia da informação. Eu posso, de fato, visualizar um mundo sem papel.

Cresci, no entanto, em um meio muito diferente.

Em 1960, quando nasci, todo o conhecimento importante era registrado em papel. Lá em casa, nas décadas de 1960 e 1970, nossa família venerava a enciclopédia *World Book* – suas fotos, mapas, as bandeiras dos diferentes países, os quadros úteis revelando população, lema e altitude média de cada estado.

Não li todas as palavras de todos os volumes da enciclopédia, mas tentei. Sentia-me fascinado com a maneira pela qual tudo aquilo fora reunido. Quem escreveu sobre oricteropos? Como essa pessoa terá se sentido ao receber um telefonema dos editores da *World Book* dizendo: "Você conhece oricteropos melhor do que ninguém. Pode escrever um verbete para nós?" Depois havia o volume "Z". Quem seria a pessoa que se considerou suficientemente especialista em zulu para criar esse verbete? Seria um homem ou uma mulher zulu?

Meus pais eram frugais. Diferentemente de muitos americanos, jamais compravam algo com o propósito de impressionar os outros, nem para proporcionar luxo a si mesmos. Porém, ficaram felizes ao comprar a enciclopédia *World Book*, gastando uma fortuna à época porque, ao fazê-lo, ofereciam o dom do conhecimento a mim e à minha irmã. Encomendavam também o *Livro do ano*. Todo ano chegava um novo volume com os progressos e os acontecimentos daquele período – rotulados 1970, 1971, 1972, 1973 –, e eu ficava ansioso para lê-los. Esses livros anuais traziam etiquetas remetendo aos verbetes originais da enciclopédia, em ordem alfabética. Minha função era colar as etiquetas nas páginas apropriadas, e eu levava a sério essa tarefa. Estava ajudando a registrar a História e a ciência para quem consultasse a enciclopédia no futuro.



Pelo fato de valorizar muito a *World Book*, um de meus sonhos de infância era me tornar um de seus colaboradores. Mas não se pode ligar para a sede da publicação em Chicago e sugerir o próprio nome. A *World Book* precisa descobrir a pessoa.

Acreditem ou não, há alguns anos o chamado finalmente veio.

À época, minha carreira me transformara no tipo de especialista que a enciclopédia se sentia à vontade para incomodar. Não achavam que eu fosse o mais importante especialista do mundo em realidade virtual. Essa pessoa estaria ocupada demais para eles a abordarem. Mas eu estava no nível intermediário: suficientemente respeitado... mas não tão famoso para recusar.

– O senhor gostaria de redigir nosso novo verbete sobre realidade virtual? – perguntaram.

Eu não podia lhes contar que minha vida inteira esperara esse telefonema. Tudo o que consegui dizer foi:

– Sim, é claro – e escrevi o verbete. Incluí uma foto de minha aluna Caitlin Kelleher usando um capacete de realidade virtual.

Nenhum editor questionou o que escrevi, mas suponho que seja esse o costume da *World Book*. Escolhem um especialista e confiam que ele não abusará do privilégio. 

Não comprei a edição mais recente da *World Book*. Na verdade, por ter sido escolhido para ser um dos autores da enciclopédia, agora acredito que a Wikipédia seja uma fonte de informações perfeitamente adequada, pois sei como se dá o controle de qualidade das verdadeiras enciclopédias. Porém, às vezes, quando estou com meus filhos em alguma biblioteca, ainda não consigo deixar de procurar na letra "V" o verbete "virtual, realidade" e fazê-los dar uma olhada. Foi o pai deles quem escreveu.

# 9. Um conjunto de habilidades denominado liderança

**Assim como inúmeros** nerds americanos nascidos em 1960, passei boa parte da infância sonhando em ser o Capitão James T. Kirk, comandante da nave espacial *Enterprise*. Não me via como o Capitão Pausch. Imaginava um mundo em que eu poderia *ser* o Capitão Kirk.

Para jovens ambiciosos com propensão científica, não poderia haver melhor papel do que o de James T. Kirk em *Jornada nas estrelas*. Na verdade, acredito seriamente que me tornei melhor professor e colega – talvez até um marido melhor – ao observar Kirk comandando a *Enterprise*.

Pensem nisso. Quem assistiu à série na televisão, sabe que Kirk não era o mais inteligente da nave. Spock, o primeiro oficial, era sempre a inteligência lógica a bordo. O dr. McCoy dominava todo o conhecimento médico disponível à humanidade na década de 2260. Scotty, o engenheiro-chefe, era dotado de capacidade técnica suficiente para manter a nave em funcionamento, mesmo sob ataque de alienígenas.

Então qual era o conjunto de habilidades de Kirk? Por que era ele quem subia a bordo da *Enterprise* para comandá-la?

A resposta é o conjunto de habilidades denominado "liderança".

Aprendi muito vendo Kirk em ação. Ele era a essência refinada do gestor dinâmico, um sujeito que sabia delegar, que tinha entusiasmo para inspirar e que ficava bem em trajes de trabalho. Jamais declarou ter habilidades maiores do que as de seus subordinados. Reconhecia que cada um sabia o que fazer em suas áreas específicas. Mas Kirk estabelecia a orientação, o tom. Encarregava-se de motivar a equipe. Além disso, tinha um jeito romântico de cortejar as mulheres em todas as galáxias que visitava. Imaginem a mim, um garoto de 10 anos, de óculos, assistindo à TV. Todas as vezes que Kirk aparecia na tela, para mim era como um deus grego.



E ele tinha os brinquedos mais sensacionais! Quando criança eu pensava que deveria ser fascinante ele poder estar em algum planeta e dispor daquele instrumento que lhe permitia falar com as pessoas da nave – aquele aparelho de comunicação de *Jornada nas estrelas*. Agora ando com um desses aparelhos no bolso. Mas quem se lembra de que foi Kirk que nos apresentou o telefone celular?

Há alguns anos recebi um telefonema (em meu comunicador) de Chip Walter, um escritor de Pittsburgh. Walter estava escrevendo um livro em co-autoria com William Shatner (também conhecido como Kirk) sobre como os progressos científicos imaginados pioneiramente em *Jornada nas estrelas* prenunciavam os avanços tecnológicos atuais. O Capitão

Kirk queria visitar meu laboratório de realidade virtual na Carnegie Mellon.

Admito que meu sonho de infância era ser Kirk. Porém, quando Shatner apareceu, considerei que o sonho se realizara. É legal conhecer seu ídolo de infância, mas é ainda mais legal a satisfação de recebê-lo para mostrar a ele as experiências que você está fazendo em seu laboratório.

Meus alunos e eu trabalhávamos dia e noite para construir um mundo de realidade virtual parecido com a ponte de comando da *Enterprise*. Quando Shatner chegou, nós lhe oferecemos aquele volumoso "capacete" provido de uma tela interior. À medida que Shatner girava a cabeça, podia sentir-se imenso em imagens de 360 graus de sua velha nave.



– Maravilha! Tem até as portas levadiças! – exclamou. E nós também tínhamos uma surpresa para ele: sirenes de alerta vermelho. Sem perder o clima, Shatner gritou: – Estamos sendo atacados!

Shatner permaneceu três horas conosco e fez milhões de perguntas. Mais tarde um de meus colegas comentou:

– Ele simplesmente fazia perguntas e mais perguntas. Não parecia entender.

Mas eu estava muito impressionado. Kirk, ou melhor, Shatner, era o exemplo máximo do homem que tinha consciência das coisas que ele não sabia, admitia isso com tranqüilidade e só queria ir embora quando compreendesse. Isso para mim era heróico. Gostaria que todos os alunos de pós-graduação adotassem essa atitude.

Durante meu tratamento, quando me disseram que apenas quatro por cento dos pacientes com câncer no pâncreas vivem cinco anos, veio à minha mente uma frase do filme *A ira de Khan*, da série *Jornada nas estrelas*. No filme, os cadetes da Frota Estelar enfrentam uma situação de treinamento simulado em que toda a tripulação morre, independentemente do que faça. O filme esclarece que quando Kirk era cadete, ele reprogramou a simulação porque "não acreditava em situações de fracasso".

Ao longo dos anos, alguns de meus colegas acadêmicos sofisticados torciam o nariz para o fascínio que eu tinha pela série *Jornada nas estrelas*. Mas desde o início essa série jamais deixou de me trazer proveito.

Depois que Shatner soube de meu diagnóstico, enviou-me uma foto como Kirk, na qual escreveu: "Eu não acredito em situações de fracasso."



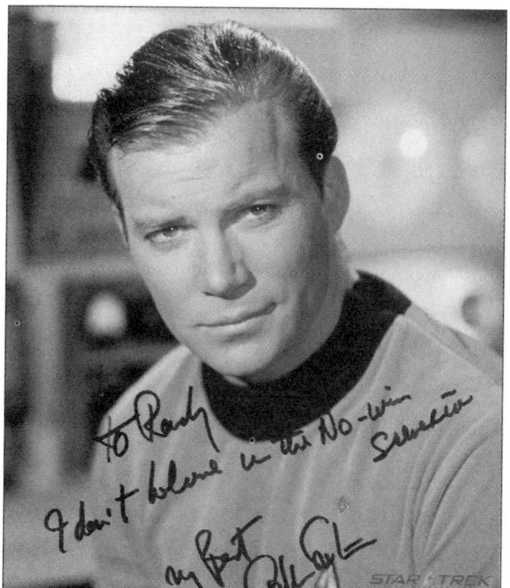

# 10. Ser um vencedor

Um de meus primeiros sonhos de infância era ser o cara mais descolado dos parques de diversões. Sempre soube exatamente como conquistar isso.

Era fácil identificar um cara descolado: perambulava pelo parque com o maior bicho de pelúcia. Quando criança, se eu via de longe um garoto com a cabeça e o corpo escondidos por trás de um enorme bicho de pelúcia, pouco me importava que ele fosse algum desses metidos a Adônis, ou um nerd que nem conseguia abraçar o bicho. Se ele tivesse o maior animal de pelúcia, então era o sujeito mais vitorioso do parque de diversões.

Meu pai concordava comigo. Sentia-se completamente desprotegido se entrasse numa roda-gigante sem ter no colo um enorme urso ou macaco de pelúcia que acabara de ganhar. Em virtude da competitividade de nossa família, as disputas nos parques de diversão se transformaram em batalha: qual de nós capturaria o maior animal no Reino dos Bichos de Pelúcia?

Algum dia você já circulou por um parque de diversões carregando um gigantesco bicho de pelúcia? Observou como as pessoas olham para você e o invejam? Algum dia usou um bicho de pelúcia para cortejar uma mulher? Eu fiz isso... e me casei com ela!

Desde o início os bichos de pelúcia gigantescos desempenharam um papel em minha vida. Quando eu tinha 3 anos e minha irmã 5, fomos à seção de brinquedos de uma loja de departamentos e meu pai nos disse que nos compraria um brinquedo, se chegássemos a um acordo para compartilhá-lo. Olhamos para um lado e para outro e finalmente para cima, e na última prateleira vimos um coelho de pelúcia gigantesco.

– Vamos levar aquele! – exclamou a minha irmã.

Provavelmente era o item mais caro da seção de brinquedos. Porém, meu pai, homem de palavra, comprou o coelho para nós. É possível que ele tenha considerado um bom investimento. Em uma casa sempre cabe mais um bicho de pelúcia gigante.



Quando cheguei à idade adulta e passei a aparecer com animais de pelúcia cada vez maiores, meu pai suspeitou de que eu estivesse subornando pessoas. Supôs que eu esperava os vencedores perto das pistolas de água e depois deslizava uma nota de cinqüenta dólares para algum sujeito que não entendia até que ponto um bicho de pelúcia gigantesco pode mudar a percepção que o mundo tem a seu respeito. Eu, porém, jamais paguei por um bicho de pelúcia.

E jamais trapaceei.

Tudo bem, admito que me debrucei sobre o balcão. É o único jeito de se ganhar no jogo de argolas. Eu me debrucei, mas não trapaceei.

Algum dia você já circulou por um parque de diversões carregando um gigantesco bicho de pelúcia?

Ganhei muitas vezes, entretanto, sem a presença de minha família. E sei que isso aumentava as suspeitas. Mas eu achava que o melhor meio de conseguir bichos de pelúcia era sem a pressão de membros da família como espectadores. Também não queria que ninguém visse quanto tempo eu levava para ser bem-sucedido. A tenacidade é uma virtude, mas não é preciso todo mundo ficar observando todo o seu esforço para vencer.

Agora estou pronto para revelar que há dois segredos para se ganhar bichos de pelúcia gigantes: braços longos e uma pequena soma de dinheiro disponível. Felizmente, sempre os tive.

Falei sobre meus bichos de pelúcia em minha palestra de despedida e mostrei fotos. Podia adivinhar o que os técnicos sabichões e sarcásticos estavam pensando: nesta época de imagens manipuladas digitalmente, talvez aqueles ursos não estivessem de fato comigo nas fotografias. Ou talvez eu tivesse persuadido os verdadeiros ganhadores a me deixarem tirar fotos com seus prêmios.

Nesta era de cinismo, como eu poderia convencer o público de que de fato conquistara aqueles bichos? Bem, eu lhes mostraria os próprios bichos. E assim pedi a alguns de meus alunos que aparecessem no palco, cada qual carregando um gigantesco bicho de pelúcia que eu ganhara ao longo dos anos.

Não preciso mais desses troféus. E apesar de minha mulher amar o urso de pelúcia que eu pendurara em seu escritório quando ainda éramos namorados, depois de três filhos ela não quer mais um exército desses animais entulhando nossa nova casa. (Eles estão soltando bolas de isopor do enchimento, que vão direto para a boca de Chloe.)



Sei que se eu guardasse os bichos de pelúcia, um dia Jai chamaria uma instituição de caridade e daria todos eles... ou pior, se sentiria incapaz de fazê-lo! Por isso eu decidi distribuí-los aos amigos.

E, portanto, quando os animais foram enfileirados no palco, eu anunciei: "Quem quiser uma lembrança minha, ao fim desta palestra, fique à vontade para vir até aqui e pegar um dos bichos. Quem chegar primeiro, escolhe."

Todos os bichos de pelúcia gigantes logo encontraram lares. Poucos dias depois eu soube que um deles fora recolhido por uma aluna da Carnegie Mellon que, como eu, tinha câncer. No fim da aula ela se levantou e escolheu o elefante gigante. Adorei o simbolismo. Ela escolheu o elefante da sala.

# 11. O lugar mais feliz da Terra

**Em 1969, quando eu tinha 8 anos,** minha família atravessou o país para ir à Disney. Foi uma verdadeira expedição. E quando chegamos lá, fiquei pasmo com o local. Era o ambiente mais fantástico em que eu já estivera.

Enquanto esperava na fila com todas as outras crianças, meu único pensamento era: "Preciso urgente inventar algo assim!"

Duas décadas depois, quando obtive o doutorado em Ciência da Computação na Carnegie Mellon, pensei que isso me qualificaria para fazer qualquer coisa e, portanto, me candidatei a um emprego na Walt Disney Imagineering.[2] Enviaram-me uma das mais *belas* cartas de "vá para o inferno" que recebi em toda a vida. Informavam que haviam analisado meu pedido e que não dispunham de "cargos que exigissem aquelas qualificações específicas".

---

[2] Setor encarregado da pesquisa e da criação de novas atrações da Disney. (N. dos T.)

Minha irmã e eu no brinquedo inspirado em *Alice no país das maravilhas*.



Nada? A Disney é uma empresa famosa por contratar multidões só para varrer as ruas! Não tinham coisa alguma para mim? Nem mesmo uma vassoura?

Foi uma decepção. Mas eu me lembrei de meu mantra: Os obstáculos existem por algum motivo. Não estão ali para nos impedir de entrar. Eles existem para nos dar uma chance de mostrarmos a força de nossas aspirações.

Avancemos para 1995: eu me tornara professor da Universidade da Virgínia e ajudara a elaborar um sistema denominado "Realidade virtual a cinco dólares por dia". À época, os especialistas em realidade virtual insistiam em afirmar que precisariam de meio milhão de dólares para fazer qualquer coisa. Meus colegas e eu fizemos nossa versão reduzida da oficina da Hewlett-Packard e produzimos juntos um sistema de realidade virtual de baixo custo, que funcionou. O mundo da computação achou sensacional.

Não demorou muito e fiquei sabendo que a Disney estava trabalhando em um projeto de realidade virtual extremamente sigiloso, uma atração baseada no filme *Aladim* que permitiria que as pessoas voassem num tapete mágico. Telefonei para lá e expliquei que era pesquisador dessa área e buscava informações. Fui absurdamente persistente e continuaram me passando de um para outro até que cheguei a um sujeito chamado Jon Snoddy, por acaso o brilhante chefe da equipe de criadores. Eu me senti como se tivesse telefonado para a Casa Branca e falado com o presidente.

Conversamos um pouco e eu disse a Jon que iria à Califórnia e perguntei se poderíamos nos encontrar. (Na verdade, sua aquiescência seria o único motivo de minha viagem. Eu iria até Netuno para encontrá-lo!) Ele respondeu que sim. Se eu fosse mesmo, poderíamos almoçar juntos.



Antes de ir visitá-lo, me dediquei a oitenta horas de pesquisa. Pedi a todos os figurões da realidade virtual que eu conhecia que compartilhassem comigo suas idéias e perguntas a respeito daquele projeto da Disney. Quando afinal encontrei Jon, ele se surpreendeu com meu preparo. (É fácil parecer inteligente quando você imita pessoas inteligentes.) E então, ao fim do almoço, fiz “o pedido”, dizendo:

– Em breve terei direito a um período sabático.

– O que é isso? – indagou Jon, e foi o primeiro indício do choque que eu enfrentaria entre a cultura acadêmica e a de entretenimento.

Depois que expliquei o conceito de período sabático, ele achou uma boa idéia eu passar esse tempo junto de sua equipe.

O trato seria: eu passaria seis meses trabalhando em um projeto e publicaria um ensaio sobre o assunto. Fiquei animado. Nunca se ouvira dizer que a Disney Imagineering convidasse um acadêmico para participar de uma de suas operações secretas.

Havia um único problema: eu precisava da permissão de meus chefes para desfrutar daquele período sabático fora do comum.

Bem, toda história da Disney precisa de um vilão e o meu, por acaso, foi um certo decano da Universidade da Virgínia. "O decano Wormer" (como Jai o apelidou em homenagem ao filme *Clube dos cafajestes*) mostrou-se preocupado porque a Disney "poderia sugar todos os bens intelectuais de minha cabeça que, por direito, pertenciam à universidade". Ele se manifestou contrário à minha ida e eu lhe perguntei:

– O senhor não acha uma boa idéia?

Ele respondeu:

– Francamente, não sei.

Às vezes ele era uma prova de que os obstáculos mais impenetráveis são feitos de carne e osso.

Ao constatar que com ele eu não chegaria a parte alguma, levei meu caso ao decano responsável pelo financiamento de pesquisas e perguntei:

– O senhor acha uma boa idéia eu ir?

Ele respondeu:

– Não tenho informação suficiente para opinar. Mas sei que uma das estrelas do corpo docente de minha área está em meu gabinete, extremamente animado. Então, me dê mais detalhes.

Aqui vai uma lição para gestores e administradores. Os dois decanos disseram exatamente a mesma coisa: não sabiam se aquele período sabático era uma boa idéia. Porém, observem como se expressaram de forma diferente!

Acabei obtendo permissão para gozar o período sabático e realizar um sonho. Na verdade, devo fazer uma confissão que demonstra quanto sou fanático por computação. Logo depois que cheguei à Califórnia, entrei em meu conversível e me dirigi à sede da Disney Imagineering. Era uma noite quente de verão e no som do carro eu escutava a trilha sonora de *O Rei Leão*. Quando passei pelo prédio, lágrimas começaram a rolar por meu rosto. Ali estava eu, a versão adulta daquele menino de 8 anos, de olhos arregalados, na Disney. Afinal, eu havia chegado. Estava na equipe de criação da Disney.

# III

# AVENTURAS. . . E LIÇÕES APRENDIDAS

# 12. O parque fica *aberto* até oito da noite

**Minha odisséia médica** teve início no verão de 2006, quando senti uma dor leve e inexplicável no alto do abdome. Mais tarde se manifestou icterícia e meus médicos suspeitaram de hepatite. Esperança otimista. A tomografia computadorizada revelou que eu era portador de um câncer pancreático e bastaram-me dez segundos de consulta no Google para descobrir que a notícia era das piores. O câncer pancreático registra a maior taxa de mortalidade entre todos os tipos de câncer; metade dos pacientes com esse diagnóstico morre em seis meses e 96%, em cinco anos.

Encarei o tratamento da maneira como gosto de encarar as coisas: como cientista. E assim tratei de me informar sobre todos os dados disponíveis e me deparei discutindo hipóteses com meus médicos. Gravei minhas conversas com eles para poder escutar mais atentamente as explicações quando estivesse em casa. Desencavei obscuros artigos de jornal e os levei para as consultas. Os médicos não pareciam se aborrecer comigo. Na verdade, a maioria me considerava um paciente divertido porque me interessava muito por tudo. (Eles nem mesmo pareceram se importar quando levei amigos que me apoiavam – minha amiga e colega Jessica Hodgins me acompanhou em consultas para oferecer seu apoio e suas brilhantes habilidades ao pesquisar informações médicas.)

Eu disse aos médicos que queria me submeter a todas as possibilidades de seu arsenal cirúrgico e engolir todos os medicamentos disponíveis, porque tinha um objetivo: queria permanecer vivo o maior período possível, por Jai e pelas crianças. Em minha primeira consulta com o cirurgião Herb Zeh, de



Pittsburgh, declarei:

– Vou ser bem claro: meu propósito é estar vivo daqui a dez anos e constar de seu registro de pacientes.

Acabei integrando a minoria de pacientes beneficiados pela "operação Whipple", assim denominada em homenagem ao médico que inventou esse complicado procedimento na década de 1930. Até 1970, essa cirurgia matava até 25% dos pacientes a ela submetidos. Por volta de 2000, o risco de morte em decorrência da cirurgia se reduzira a menos de 5%, desde que executada por especialistas experientes. Contudo, eu soube que teria de enfrentar um período brutal, principalmente porque depois da cirurgia me aplicariam quimioterapia e radioterapia, ambas extremamente tóxicas.

Como parte da cirurgia, o dr. Zeh removeu não apenas o tumor, mas também a vesícula, um terço do pâncreas, um terço do estômago e um bom pedaço do intestino delgado.

Uma vez recuperado, passei dois meses no Centro de Oncologia Dr. Anderson, em Houston, sendo submetido a possantes dosagens de quimioterapia e ainda a uma alta dose diária de radiação no abdome. Meu peso caiu de quase 83 quilos para pouco mais de 62 quilos, e no fim eu mal podia andar. Em janeiro voltei para casa, em Pittsburgh, e as tomografias computadorizadas não mostraram sinal de câncer. Aos poucos recuperei as forças.

Em agosto eu deveria passar pelo controle trimestral no Centro Dr. Anderson. Jai e eu fomos de avião até Houston para a consulta, deixando as crianças em casa com uma babá. Encaramos a viagem como uma escapada romântica. Na véspera até fomos a um enorme parque aquático – pois é, essa é minha idéia de escapada romântica –, e deslizei no tobogã, fazendo careta durante toda a descida.



E então, em 15 de agosto de 2007, uma quarta-feira, Jai e eu chegamos ao Centro Dr. Anderson para rever com meu oncologista, Robert Wolff, os resultados de minhas últimas tomografias. Levaram-nos para uma sala de exames, na qual uma enfermeira fez perguntas de rotina:

– Alguma alteração em seu peso, Randy? Continua tomando os mesmos medicamentos? – Jai observou a voz feliz e cantada da enfermeira, que disse: – Muito bem, o doutor virá vê-lo em seguida – e saiu, fechando a porta.

Havia um computador na sala de exames, e notei que a enfermeira não fechara a tela: meus registros médicos continuavam visíveis. Naturalmente, sei mexer em computadores, mas naquele caso nem era preciso: meu boletim estava todo ali.

– Vamos dar uma espiada? – disse para Jai. Não tive o menor escrúpulo em fazer isso. Afinal, eram meus registros.

Dei alguns cliques e encontrei meu relatório sanguíneo. Havia 30 valores de referência que não conhecia, mas eu procurava por um só: o CA 19-9,[3] indicador tumoral. Quando achei, o número era assustador: 208. O normal é abaixo de 37. Observei-o por um instante.

– Acabou – falei para Jai. – Estou ferrado.

– O que você está querendo dizer? – ela perguntou.

Informei-lhe o valor do CA 19-9. Jai aprendera bastante sobre tratamento de câncer para saber que o número 208 indicava metástase: sentença de morte.



– Isso não tem graça. Pare de brincadeira! – reclamou.

Então mostrei-lhe minhas tomografias na tela e comecei a contar:

– Um, dois, três, quatro, cinco, seis...

Ouvi a voz de Jai, em pânico:

– Não me diga que está contando tumores!

Mas eu não conseguia me controlar. Continuei contando em voz alta:

– Sete, oito, nove, dez... – E percebi tudo. O câncer avançara para meu fígado.

Jai se aproximou do computador, viu tudo claramente com os próprios olhos e caiu em meus braços. Choramos juntos. E então constatei que não havia caixa de lenços na sala. Eu

[3] Antígeno carboidrato 19-9. (N. dos T.)

acabara de saber que morreria em breve, e em virtude de minha incapacidade de parar de ser racional, pensei: "Não deveria haver uma caixa de lenços de papel numa sala destas, numa hora destas? Grave falha operacional!"

Bateram à porta. O dr. Wolff entrou, trazendo uma pasta. Olhou para mim, para Jai, para as tomografias na tela do computador e entendeu o que acabara de se passar. Resolvi abreviar e disse:

– Já sabemos.

A essa altura Jai chorava histericamente, quase em estado de choque. Eu também estava triste, naturalmente, e apesar disso ainda me fascinou a maneira pela qual o dr. Wolff executou a tarefa horrível que lhe cabia. Sentou-se perto de Jai para consolá-la. Calmamente, explicou-lhe que não trabalharia mais para salvar minha vida.



– O que estamos tentando fazer é prorrogar o tempo restante de Randy para que ele possa ter a melhor qualidade de vida. Porque, na situação atual, a medicina não dispõe de recursos que possam mantê-lo vivo por um período de vida normal.

– Espere, espere um pouco – disse Jai. – O senhor está me dizendo que é isso? Só isso, passamos de "vamos lutar" para "a batalha acabou"? E o transplante de fígado?

– Não – disse o médico –, não quando há metástases. Ele falou sobre aplicar a quimioterapia paliativa (tratamento que não visa à cura, mas diminui os sintomas e possivelmente prorroga a vida por alguns meses) e buscar meios para me manter bem e ativo enquanto o fim se aproximava.

Toda aquela conversa horrível me pareceu absurda. Sim, eu estava aturdido, triste por mim mesmo e sobretudo por Jai, que não parava de chorar. Mas uma forte parte de mim mesmo continuou a ser o Randy Cientista, coletando fatos e inquirindo o médico quanto às opções. Ao mesmo tempo, outra parte de mim estava extremamente envolvida na encenação do momento. Fiquei incrivelmente impressionado – na verdade, pasmo – com a maneira pela qual o dr. Wolff estava dando as notícias a Jai. Pensei com meus botões: "Veja só o jeito dele. É óbvio que já fez isso tantas vezes, e tem habilidade. Ensaiou cuidadosamente e, apesar de tudo, parece sincero e espontâneo."



Notei que o médico se reclinava na cadeira e fechava os olhos antes de responder a uma pergunta, como se aquela atitude o ajudasse a pensar melhor. Observei a postura corporal dele, o jeito de se sentar ao lado de Jai. Sentia-me quase alheio àquilo tudo, pensando: "Ele não passou o braço pelos ombros dela. E eu sei o motivo. Pareceria muito arrogante. Mas inclinou-se para perto dela, tocando-lhe um dos joelhos. Como ele é bom nisso."

Eu queria que todos os alunos de medicina que pensam em se especializar em oncologia vissem o que eu estava vendo. Observei o dr. Wolff usar a semântica para tornar seu discurso mais claro e positivo. Quando lhe perguntamos em quanto tempo eu estaria morto, ele respondeu:

– Provavelmente você ainda terá três a seis meses em boa saúde.

Aquilo me trouxe à lembrança o tempo que passei na Disney. Pergunte a qualquer funcionário do parque a que horas ele fecha. A resposta será:

– O parque fica *aberto* até oito da noite.

Em certo aspecto, tive uma estranha sensação de alívio. Durante muitos meses de tensão, Jai e eu aguardáramos para ver se e quando os tumores voltariam. Agora eles estavam ali, um verdadeiro exército. A espera terminara. Agora poderíamos cuidar do que viria a seguir.

No fim da consulta, o médico abraçou Jai e apertou minha mão. Jai e eu saímos juntos para enfrentar nossa nova realidade.

Ao sairmos do consultório, pensei no que dissera a Jai no parque aquático, ao entardecer, quando deslizávamos no tobogã:

– Mesmo que amanhã o resultado dos exames seja ruim, quero que você saiba que é ótimo estar vivo e estar aqui hoje, vivo e com você. Quaisquer que sejam as notícias dos exames, não vou morrer ao ouvi-las. Não morrerei no dia seguinte, nem daí a dois ou três dias. Portanto, hoje, neste exato momento, o dia está sendo maravilhoso. E quero que você saiba quanto estou gostando.

Pensei naquelas palavras e no sorriso de Jai.

Então compreendi: era assim que eu precisaria viver o resto de minha vida.

## 13. O homem do conversível

**Certa manhã, bem depois de eu** descobrir que tinha câncer, recebi um e-mail de Robbee Kosak, a pró-reitora de pesquisa da Carnegie Mellon. Ela me contava uma história.

Dizia que na véspera, à noite, dirigia de volta do trabalho para casa e observou que à sua frente ia um homem em um conversível. O anoitecer de início de primavera estava quente e lindo. O homem abaixara a capota e abrira todas as janelas do carro. De braço para fora, batucava com os dedos ao ritmo da música que tocava no som de seu carro. A cabeça acompanhava o ritmo, cabelos ao vento.

Robbee mudou de pista e se aproximou um pouco mais. Pela lateral, pôde ver que o homem sorria levemente, o tipo de sorriso distraído de alguém que julga estar a sós, feliz, imerso nos próprios pensamentos. Robbee pensou: "É o mais puro retrato de alguém que está vivendo intensamente aquele momento!"

O conversível fez a curva em uma esquina e foi então que Robbee pôde ver por inteiro o rosto do homem. "Meu Deus! É o Randy Pausch!", pensou.

Ficou muito comovida ao me ver. Sabia que o diagnóstico de minha doença era sombrio. E apesar disso, escreveu no e-mail, emocionou-se ao constatar que eu parecia muito contente. Naquele momento íntimo eu estava obviamente de bom humor. Robbee escreveu: "Você jamais saberá quanto aquele vislumbre de seu rosto valeu meu dia, por ter me lembrado do verdadeiro sentido da vida."

Li diversas vezes o e-mail de Robbee. Passei a encará-lo como um tipo de *feedback*.

Não tem sido sempre fácil encarar positivamente meu tratamento contra o câncer. Quando alguém tem um problema de saúde grave, é difícil saber como está se sentindo emocionalmente. Tenho me perguntado se, em parte, eu represento quando estou diante dos outros. Talvez às vezes eu me force a parecer forte e positivo. Muitos pacientes que sofrem de câncer sentem-se obrigados a aparentar coragem. Será que eu também ajo assim?



Robbee, porém, me viu de perto num momento de total descontração. Gosto de pensar que ela me viu como sou. Certamente me viu como eu estava me sentindo naquela tarde.

O e-mail dela continha um único parágrafo, mas significou muito para mim. Abriu uma janela para dentro de mim mesmo. Eu ainda me sentia totalmente empenhado. Ainda sabia que a vida era boa e que eu estava me saindo bem.

# 14. O tio holandês

**Quem me conhece poderá dizer** que eu sempre tive uma saudável noção de mim mesmo e de minhas capacidades. Tendo a dizer o que penso e a expressar minhas opiniões. Não tenho muita paciência para a incompetência.

Em geral esses traços de minha personalidade sempre me serviram muito. Mas, acreditem ou não, às vezes fui tomado por uma pessoa arrogante e sem tato. Nessas ocasiões, é imprescindível a presença daqueles que me ajudam a me equilibrar.

Na infância, minha irmã Tammy precisou conviver com seu irmãozinho sabichão. Eu estava sempre lhe dizendo o que fazer, como se nossa ordem de nascimento fosse um erro que eu tentava incessantemente corrigir.

Uma vez, quando eu tinha 7 anos e Tammy, 9, nós dois estávamos esperando o ônibus escolar e, como de costume, eu resmungava grosserias. Ela decidiu dar um basta. Pegou minha merendeira de metal e atirou-a numa poça de lama... justo na hora em que o ônibus chegou. Minha irmã acabou no gabinete da diretoria, enquanto eu era enviado ao zelador, que limpou minha merendeira, jogou fora meu sanduíche empapado de lama e gentilmente me deu dinheiro para o lanche.

O diretor disse a Tammy que convocara nossa mãe.

– Vou deixá-la tratar deste caso – disse ele. Quando voltamos para casa depois da escola, mamãe disse:

– Vou deixar o pai de vocês tratar deste caso. – Minha irmã passou o dia nervosa, em expectativa.

Quando meu pai voltou do trabalho, escutou a história e abriu um sorriso. Não puniu Tammy. Limitou-se a parabenizá-la! Eu era um garoto que *precisava* ter a merendeira atirada na lama. Tammy ficou aliviada e eu recebi o que merecia... embora não tenha aprendido totalmente a lição.



Na época em que entrei para a Brown University, eu tinha certos talentos e as pessoas sabiam que eu sabia disso. Meu bom amigo Scott Sherman, que conheci ainda calouro, hoje se lembra de mim como "totalmente desprovido de tato e conhecido por todos como a pessoa mais rápida em ofender alguém que acabara de conhecer".

Em geral, eu não percebia quanto me destacava, em parte porque tudo parecia dar certo e eu era bom aluno. Andy van Dam, o lendário professor de Ciência da Computação da faculdade, me escolheu para ser seu monitor. "Andy van Demanda", como era conhecido, gostou de mim. Eu me entusiasmava com tantas coisas... Isso era uma boa característica. Mas, a exemplo de tanta gente, alguns de meus pontos fortes também eram falhas. Na opinião de Andy, eu tinha sangue-frio diante de um erro, era muito insolente e estava sempre emitindo opiniões, além de ser muito inflexível.

Certo dia Andy me levou para dar um passeio. Pôs o braço em volta de meu ombro e disse:

– Randy, é pena você ser considerado tão arrogante, porque isso vai acabar limitando suas realizações na vida.

Hoje aquelas palavras me parecem perfeitas. Na verdade, Andy estava dizendo: "Randy, você está sendo um imbecil." Mas sua maneira de falar me abriu a mente para sua crítica, para ouvir meu herói me dizendo algo que eu precisava ouvir. Em inglês, a antiga expressão "um tio holandês" se refere a alguém que faz uma avaliação honesta. Hoje em dia poucos se dão esse trabalho, portanto a expressão foi ficando antiquada e até mesmo desconhecida. (E o melhor é que Andy é realmente holandês.)

Desde que minha última palestra foi divulgada na internet, muitos amigos têm zombado de mim, chamando-me de "Santo Randy". É a maneira que encontraram para me lembrar de que houve uma época em que fui descrito em termos menos lisonjeiros.

Mas gosto de pensar que minhas falhas pertencem mais à categoria social do que à moral. E tive a sorte de, ao longo dos anos, me beneficiar dos conselhos de pessoas como Andy, que se deram o trabalho de me dar os amorosos puxões de orelha que eu precisava levar.

# 15. Derramar refrigerante no banco do carro

**Por muito tempo me identifiquei** como "o tio solteirão". Até os 30 anos não tive filhos, de modo que dediquei minha afeição aos dois filhos de minha irmã: Chris e Laura. Eu me divertia em ser o tio Randy, o sujeito que aparecia na casa deles mais ou menos uma vez por mês para ajudá-los a ver o mundo sob ângulos novos e diferentes.

Não que eu os mimasse. Apenas tentava lhes mostrar minha perspectiva de vida. Às vezes minha irmã ficava enlouquecida.

Certa ocasião, há uns 12 anos, Chris tinha 7 anos e Laura, 9. Fui buscá-los em meu Volkswagen Cabrio conversível, novo em folha.

– Cuidado com o carro novo do tio Randy – recomendou-lhes minha irmã. – Limpem os pés antes de entrar no carro. Não façam bagunça. Não sujem nada.

Eu ouvia minha irmã falar e pensei, como um bom tio solteirão: "Falar isso é como pedir para eles fazerem exatamente o oposto. É claro que vão acabar sujando meu carro. Criança não consegue evitar isso." Então decidi facilitar as coisas: enquanto minha irmã concluía seu sermão, abri uma lata de refrigerante e de propósito derramei o conteúdo lentamente nos assentos do banco traseiro. Minha mensagem era: as pessoas são mais importantes do que as coisas. Um carro é apenas um objeto, ainda que seja uma pedra preciosa como meu conversível novo.

Enquanto eu derramava aquela Coca-Cola, vi Chris e Laura boquiabertos, de olhos arregalados. Ali estava o louco do tio Randy contrariando totalmente as regras dos adultos.

Acabei ficando alegre por ter derramado aquele refrigerante. Porque mais tarde, naquele fim de semana, o pequeno Chris pegou um resfriado e vomitou no banco traseiro do carro, e não se sentiu culpado. Sentiu foi alívio, pois já *me* vira batizar o carro e sabia que não seria repreendido.



Sempre que meus sobrinhos estavam comigo, tínhamos apenas duas regras:

1) Nada de choradeira.
2) Não contem nossas aventuras para a mamãe.

Não contar à mamãe transformava tudo o que fazíamos em aventuras de piratas. Até as coisas mais simples assumiam um aspecto mágico.

Em geral, nos fins de semana Chris e Laura iam para meu apartamento, eu os levava para comer pizza, dar um passeio ou visitar um museu. Em fins de semana especiais, nos hospedávamos em algum hotel que tivesse piscina.

Nós três gostávamos de fazer panquecas. Meu pai perguntava sempre: "Por que as panquecas precisam ser redondas?" Eu costumava fazer a mesma pergunta. E assim criávamos nossas panquecas na forma dos mais estranhos animais. Era certa malandragem de minha parte, pois as panquecas funcionavam como testes de Rorschach.[4] Chris e Laura diziam:

– Não saiu com a forma do bicho que eu queria. – Mas isso nos permitia olhar as panquecas como simples panquecas e imaginar que bichos poderiam ser.

Vi Laura e Chris crescerem e se transformarem em jovens fora de série. Agora ela tem 21 anos e ele, 19. Hoje sou imensamente grato por ter feito parte da infância deles, porque me dei conta de algo. É improvável que eu chegue a ser pai de uma criança de mais de 6 anos. Portanto, o tempo que convivi com Chris e Laura se revelou ainda mais precioso. Eles me proporcionaram a dádiva de estar presente em suas vidas durante a infância, a adolescência e o início da idade adulta.



Recentemente pedi aos dois que me fizessem um favor: que, depois de minha morte, levassem meus filhos para passar fins de semana aqui e acolá. Que fizessem coisas divertidas. Qualquer coisa em que pensassem. Não precisariam repetir exatamente o que fazíamos. Podem deixar meus filhos tomarem a iniciativa. Dylan gosta de dinossauros – talvez Chris e Laura possam levá-lo a algum museu de história natural. Logan pre-

[4] Teste criado pelo psiquiatra suíço Hermann Rorschach (1884-1922) que consiste em uma técnica pela qual um indivíduo deve interpretar livremente manchas de tinta. (N. do E.)

fere esportes – talvez possam levá-lo para assistir aos Steelers.[5] E Chloe adora dançar – eles pensarão em algo para ela.

Também quero que meus sobrinhos digam algumas coisas a meus filhos. Primeiro, poderão dizer simplesmente: "O pai de vocês nos pediu para passarmos este tempo com vocês, assim como ele fazia conosco." Pedi também que expliquem a meus filhos quanto eu lutei para permanecer vivo, contando-lhes que para ficar o maior período possível perto deles me submeti aos mais duros tratamentos disponíveis. Foi essa a mensagem que pedi para Laura e Chris transmitirem.

Ah, e outra coisa: se meus filhos fizerem bagunça nos carros de meus sobrinhos, espero que Chris e Laura se lembrem de


mim e sorriam.

[5] Time de futebol americano da cidade de Pittsburgh. (N. dos T.)

## 16. O romance com a muralha

**A mais formidável muralha** com que me deparei até hoje media pouco mais de metro e meio de altura e era de uma beleza infinita. Fez-me cair em prantos, reavaliar minha vida inteira, apelar para meu pai, desamparado, pedindo-lhe que me ensinasse a escalá-la.

Essa muralha chama-se Jai.

Durante a palestra, contei que sempre fui adepto de se ultrapassar muralhas, tanto na vida acadêmica como na profissional. Não relatei à platéia a história do início de meu relacionamento com minha mulher porque sabia que me emocionaria demais. Entretanto, as palavras que pronunciei no palco se adaptam perfeitamente aos meus primeiros dias com Jai:

"[...] As muralhas existem para deter aqueles que não querem realmente transpô-las. Elas estão lá para deter os *outros*."

Eu era um solteirão de 37 anos quando nos conhecemos. Gastei muito tempo farreando, me divertindo e logo perdendo namoradas que queriam algo mais sério. Durante anos não tive vontade de tomar juízo e formar uma família. Embora meu salário de professor me permitisse que eu morasse melhor, eu vivia em um sótão, com entrada pela escada de incêndio, que me custava um aluguel mensal de apenas 450 dólares. Era um lugar onde nem meus alunos morariam, por ser inferior às suas posses. Mas para mim parecia perfeito.

Certo dia um amigo me perguntou:

– Que tipo de mulher você acha que irá se impressionar se a trouxer até aqui?

Eu respondi:

– O tipo certo.



Mas quem eu estava tentando iludir? Eu era um gozador, um Peter Pan viciado em trabalho que tinha cadeiras dobráveis de metal na sala de jantar. Mulher alguma, nem a do tipo certo, ficaria feliz em se estabelecer ali. (Nem Jai quis, quando afinal entrou em minha vida.) Admito que, além de meu bom trabalho, outras coisas pesavam a meu favor. Mas eu estava longe de ser o ideal feminino para um casamento perfeito.

Conheci Jai no outono de 1998, quando fui convidado para dar uma palestra sobre tecnologia da realidade virtual na Universidade da Carolina do Norte, em Chapel Hill. Jai, então aos 31 anos de idade, cursava pós-graduação em literatura comparada e trabalhava em regime de meio período no departamento de Ciência da Computação da universidade. Seu trabalho era recepcionar os visitantes no laboratório, fosse um laureado Prêmio Nobel ou um grupo de escoteiros. Naquele dia em particular o trabalho de Jai foi me receber.

Ela me ouvira falar no verão anterior, durante uma conferência sobre Computação Gráfica em Orlando. Posteriormente Jai me contou que pensara em me procurar depois da palestra e se apresentar, mas não o fez. Quando soube que seria minha anfitriã na visita que eu faria à universidade em que ela trabalhava, procurou minha página na internet para saber mais a meu respeito. Leu tudo sobre minha formação acadêmica e depois sobre minha vida pessoal, a parte mais embaraçosa: que meus passatempos eram fazer casas com miolo de pão e costurar. Viu minha idade e nenhuma menção a esposa ou namorada, porém montes de fotografias de meus sobrinhos.

Calculou que obviamente eu era um sujeito interessante e excêntrico e ficou bastante intrigada, a ponto de dar alguns telefonemas para amigos seus da comunidade de Ciência da Computação.



– O que vocês sabem sobre Randy Pausch? Ele é *gay*? – perguntou.

A resposta foi negativa. Na verdade, informaram-lhe de que eu tinha fama de mulherengo e de que jamais me casaria (até onde, é claro, um cientista em computação pode ser considerado um "mulherengo").

Quanto a Jai, tivera um breve casamento com um namorado que conhecera na universidade, mas sem filhos. Depois que o relacionamento acabara, estava receosa de se envolver seriamente de novo.

Desde o instante em que a vi no dia de minha visita, me dei conta de que eu a olhava sem parar. Naturalmente, ela é uma beleza e, na época, tinha maravilhosos cabelos longos e um sorriso atraente. Fui conduzido a um laboratório para assistir aos alunos demonstrarem seus projetos de realidade virtual, e não consegui me concentrar porque Jai estava presente.

Em pouco tempo eu a estava paquerando descaradamente. Por se tratar de um ambiente profissional, isso quer dizer que meus olhares eram mais intensos do que seria adequado. Posteriormente Jai me disse:

– Eu não conseguia saber se você fazia isso com todo mundo ou se me escolhera. – Acreditem-me, eu a escolhera.

Em determinado momento do dia, Jai conversou comigo sobre a possibilidade de eu apresentar projetos de *software* à Universidade da Carolina do Norte. Àquela altura ela já me conquistara totalmente. Naquela noite eu precisaria ir a um jantar formal da faculdade, mas perguntei se ela aceitaria tomar um drinque comigo depois. Ela concordou.



Não consegui me concentrar durante o jantar. Torci para que todos aqueles professores mastigassem mais depressa. Convenci todos a não pedirem sobremesa. Saí às 20:30h e telefonei para Jai.

Fomos a um barzinho, embora eu não beba, e tive uma sensação especial de que de fato queria estar com aquela mulher. Eu tinha uma passagem comprada num vôo de volta na manhã seguinte, mas disse-lhe que mudaria, se ela aceitasse sair comigo. Ela disse que sim e acabamos nos divertindo muito.

Depois de voltar para Pittsburgh, convidei-a a me visitar, oferecendo uma passagem que poderia retirar gratuitamente como milhagem. Obviamente ela estava interessada em mim, mas também tinha medo de minha fama e da possibilidade de se apaixonar.

Escreveu um e-mail dizendo: "Não vou. Pensei bastante e não pretendo manter um relacionamento a longa distância. Sinto muito."

É claro que eu estava atraído e achei que poderia contornar aquela muralha. Enviei-lhe uma dúzia de rosas e um cartão em que se lia: "Embora me entristeça muito, respeito sua decisão e desejo-lhe tudo de bom. Randy."

Bem, isso funcionou e ela pegou um avião.

Admito que sou um romântico incurável, ou um pouco maquiavélico. Mas eu a queria em minha vida. Eu havia me apaixonado, embora ela ainda estivesse indecisa.



Nós nos encontramos em quase todos os fins de semana durante o inverno. Apesar de Jai não se sentir estimulada por minha franqueza e por minha mania de saber tudo, declarou que eu era a pessoa mais positiva e otimista que conhecera. E fez vir à tona o que havia de bom em mim. Descobri que o que mais me preocupava era o bem-estar e a felicidade de Jai.

Afinal, lhe pedi para se mudar para Pittsburgh. Propus que ficássemos noivos, mas sabia que ela ainda estava receosa e que aquele gesto a deixaria em pânico. Portanto, não a pressionei e ela concordou com o primeiro passo: se mudar e se instalar em seu próprio apartamento.

Em abril fiz contatos e fui convidado a ministrar um seminário de uma semana na Universidade da Carolina do Norte. Isso me permitiria ajudá-la a empacotar suas coisas para fazermos a mudança de carro para Pittsburgh.

Quando cheguei a Chapel Hill, Jai me disse que precisávamos conversar. Estava mais séria do que de costume.

– Eu não posso ir para Pittsburgh. Sinto muito – disse.

Eu gostaria de saber o que se passava em sua cabeça e pedi a Jai uma explicação.

A resposta foi:

– Não vai dar certo.

Eu quis saber por quê.

– Eu... eu não o amo como você quer que eu o ame. – E depois enfatizou: – Eu não o amo.

Fiquei horrorizado e de coração partido. Era como um soco no estômago. Será que ela queria dizer isso mesmo?



A cena era estranha. Ambos estávamos confusos. Eu precisava de uma carona até o hotel em que estava hospedado.

– Será que você poderia me levar, ou é melhor eu chamar um táxi?

Ela me levou e quando chegamos tirei a bagagem do porta-malas, lutando para evitar as lágrimas. Se é possível ser arrogante, otimista e totalmente infeliz ao mesmo tempo, acho que consegui:

– Olhe, vou dar um jeito de ser feliz e adoraria ser feliz com você, mas se não posso ser feliz com você, então darei um jeito de ser feliz sem você.

No hotel passei boa parte do dia ao telefone com meus pais, contando a respeito da muralha contra a qual acabara de colidir. O conselho deles foi incrível.

Meu pai disse:

– Olhe, acho que ela não pensa assim. Essa atitude dela não é coerente com o comportamento anterior. Você pediu que ela deixasse para trás suas raízes e fugisse com você. Provavelmente ela está confusa e apavorada. Se de fato não o amar, está tudo terminado. E se de fato o amar, então o amor vai vencer.

Perguntei a meus pais o que fazer. Minha mãe disse:

– Dê apoio. Se você a ama, apóie-a.

E eu fiz isso. Passei aquela semana dando aulas ou confinado a um escritório perto da sala em que Jai trabalhava. No entanto, passei lá algumas vezes só para perguntar se ela estava bem.

– Eu só queria saber como você está. E se houver algo que eu possa fazer, me diga – eu dizia.

Dias depois, Jai me telefonou.

– Bem, Randy, estou sentindo sua falta, desejando que você estivesse aqui. Isso significa algo, não é mesmo?

Ela chegara a uma constatação: afinal estava apaixonada. Mais uma vez meus pais haviam acertado. O amor vencera. No fim da semana, Jai se mudou para Pittsburgh.

As muralhas existem por algum motivo. Para nos dar a chance de mostrar a força de nossas aspirações.

# 17. Nem todos os contos de fada terminam bem

**Jai e eu nos casamos sob** um carvalho de cem anos, no gramado de uma famosa mansão vitoriana em Pittsburgh. Foi uma festa de casamento para poucos convidados, mas eu gosto de grandes declarações românticas e, portanto, Jai e eu concordamos em começar o casamento de um jeito especial.

Não saímos da recepção em um carro com latas chacoalhando, presas no pára-choque. Não pegamos uma carruagem puxada a cavalos. Em vez disso, entramos em um enorme balão de ar quente multicolorido que nos conduziria às nuvens enquanto nossos amigos e familiares acenavam, nos desejando boa viagem. Belo momento Kodak!

Quando pusemos os pés no balão, Jai estava radiante:

– Parece um conto de fadas que termina em um filme da Disney – disse.

Então o balão subiu e se chocou com alguns galhos de árvores. Não chegou a ser a tragédia Hindenburg, mas foi um pouco preocupante.

– Não há problema. Em geral, conseguimos nos livrar das árvores – disse o piloto do balão. (Esses pilotos são chamados de aeróstatas.)

Em geral?

Nós decoláramos um pouco mais tarde do que o previsto, e o piloto afirmou que isso talvez dificultasse um pouco, porque começava a escurecer. E os ventos haviam mudado.

– Não posso controlar inteiramente para onde vamos. Estamos à mercê dos ventos. Mas deve dar tudo certo – disse.

O balão sobrevoou a parte urbana de Pittsburgh e cruzou os três famosos rios da cidade. Não era ali que o piloto queria estar e percebi que estava preocupado.



– Não há um lugar para pousar este negócio – disse quase para si mesmo, e depois completou para nós: – Precisamos continuar procurando.

Os recém-casados não apreciavam mais a vista. Procurávamos um grande espaço aberto, escondido na paisagem urbana. Finalmente voamos para os arredores da cidade e o piloto detectou, a distância, um enorme campo. Empenhou-se para pousar o balão ali.

– Deve dar certo – disse e começou a descer rapidamente.

Olhei para o campo. Parecia suficientemente grande, mas percebi que na extremidade havia trilhos de trem. Meu olhar seguiu os trilhos e vi um trem se aproximando. Nesse momento eu não era mais o noivo, mas sim um engenheiro. Disse ao piloto:

– Estou vendo uma variável aqui.

– Variável? É assim que vocês da informática chamam problema? – indagou ele.

– Bom, digamos que sim. E se atingirmos o trem?

Ele respondeu honestamente que, por estarmos no cesto do balão, as chances de sermos atingidos pelo trem eram pequenas. Mas, certamente havia o risco do gigantesco bojo do balão cair sobre os trilhos quando atingíssemos o solo. Se o trem em velocidade se emaranhasse nele, estaríamos na extremidade errada, dentro de um cesto sendo arrastado. Nesse caso, era provável e não apenas possível que sofrêssemos sérios danos corporais.



– Quando este negócio aterrissar, corram o mais rápido que puderem – disse o piloto. Não eram bem as palavras que a maioria das noivas sonha ouvir no dia do casamento. Em suma, Jai não mais se sentia uma princesa da Disney. E eu já me via como personagem de um filme-catástrofe, imaginando como salvar minha noiva da calamidade que aparentemente ocorreria.

Olhei bem nos olhos do piloto. Costumo confiar em pessoas que possuem habilidades que não tenho, e queria ter uma idéia clara do que ele pensava. Em seu rosto vi algo mais do que preocupação. Vi um leve pânico. E também vi medo. Olhei para Jai. Até então eu me divertira com nosso casamento.

À medida que o balão descia, eu tentava calcular quão rápido precisaríamos pular do cesto e correr para salvar nossas vidas. Imaginei que o piloto soubesse se safar e, se não soubesse, eu agarraria Jai primeiro. Eu a amava. Ele, eu acabara de conhecer.

O piloto continuou a deixar o ar sair do balão. Puxava todas as alavancas de que dispunha. Queria aterrissar em algum lugar, e depressa. Naquele momento ele preferiria atingir alguma casa próxima a um trem em velocidade.

O cesto bateu forte quando atingimos o solo, sacolejou algumas vezes, arremeteu para um lado e para o outro e depois caiu quase na horizontal. Em segundos o balão desinflado se amontoou no chão e por sorte não atingiu o trem em movimento. Enquanto isso, as pessoas que estavam na auto-estrada próxima viram nossa aterrissagem, pararam os carros e correram para ajudar. Era uma cena esdrúxula: Jai vestida de noiva, eu de terno, o balão caído e o piloto aliviado.

Uma foto tirada antes de entrarmos no balão.

Ficamos aturdidos. Meu amigo Jack estava no carro que, da estrada, seguia o balão. Ao nos encontrar, ficou feliz em ver que nos salváramos, depois daquela experiência de morte iminente.

Enquanto o balão caído era carregado para o caminhão do piloto, nós passamos algum tempo nos livrando da lembrança de que até contos de fadas têm momentos de risco. E então, quando Jack estava prestes a nos levar para casa, o piloto do balão veio correndo em nossa direção, gritando:

– Esperem, esperem! Vocês contrataram o pacote de casamento! Inclui uma garrafa de champanhe! – E nos entregou uma garrafa de champanhe barata que trouxera do caminhão. – Parabéns! – disse.



Agradecemos com um sorriso sem graça. Ainda nem anoitecera em nosso primeiro dia de casados, mas até ali nos saíramos bem.

# 18. Cheguei, Lucy

**No início de nosso casamento,** em um dia quente, fui a pé para a Carnegie Mellon e Jai ficou em casa. Lembro-me por que esse dia se tornou particularmente famoso em nossa casa como "o dia em que Jai conseguiu realizar a dupla colisão de um único motorista".

Nossa minivan estava na garagem e meu Volkswagen conversível, estacionado na entrada. Jai foi tirar a minivan sem perceber que o outro carro estava no caminho. Resultado: um estrondo instantâneo!

O que aconteceu a seguir comprova que às vezes todos vivemos algum episódio de *I Love Lucy*.[6] Jai passou o dia inteiro obcecada em arranjar um jeito de explicar tudo para o marido, quando este – eu – chegasse em casa.

---

[6] Um dos seriados de comédia mais populares da televisão norte-americana, estrelado por Lucille Ball e Desi Arnaz. (N. dos T.)

Achou melhor criar um ambiente perfeito para me dar a notícia. Assegurou-se de que os dois carros estivessem na garagem, e de que o portão desta estivesse fechado. Quando cheguei, ela estava mais carinhosa do que de costume e perguntou sobre meu dia. Colocou uma música suave. Preparou minha comida predileta. Não estava usando um *négligé* – não tive tanta sorte –, mas fez o máximo para ser uma parceira amorosa e perfeita.

No fim do nosso magnífico jantar, ela disse:

– Randy, tenho algo para lhe dizer. Bati com um carro no outro.

Perguntei como acontecera e pedi que ela descrevesse os estragos. Ela explicou que o conversível sofrera mais danos, mas que ambos os carros continuavam andando.



– Quer ir à garagem, dar uma olhada? – perguntou.

– Não. Vamos primeiro terminar o jantar – respondi.

Ela se surpreendeu. Eu não me zangara. Nem parecia preocupado. Jai logo aprenderia que minha reação comedida era fruto de minha educação.

Depois do jantar fomos examinar os carros. Eu me limitei a sacudir os ombros e vi que para Jai acabava um dia inteiro de ansiedade.

– Amanhã de manhã vou pedir um orçamento – prometeu ela.

Disse-lhe que não era preciso. Os amassados não seriam um problema. Meus pais me ensinaram a reconhecer que os automóveis existem para nos levar do ponto A ao ponto B. São meios utilitários, e não expressões de prestígio social. Portanto, disse a Jai que não precisávamos de reparos estéticos. Conviveríamos com as mossas e os arranhões.

Jai mostrou-se um pouco chocada.

– Vamos sair por aí dirigindo carros amassados? – perguntou.

Eu respondi:

– Bem, você não pode me aceitar apenas pela metade. Aprecia a metade que não se zangou com você porque dois de nossos "bens" foram danificados. Mas a outra metade é minha convicção de que não se consertam bens se eles ainda cumprem seu papel. Os carros ainda funcionam. Pois então, vamos dirigi-los.

Talvez isso me torne um sujeito esquisito. Mas se uma lata de lixo ou um carrinho de mão apresentam mossas, ninguém compra outros novos. Talvez porque ninguém use uma lata de lixo ou um carrinho de mão para ostentar uma posição social. Para Jai e para mim, nossos carros amassados se tornaram um lema em nosso casamento: nem tudo precisa ser consertado.

# 19. Uma história de Ano-Novo

**Por mais que as coisas** estejam ruins, sempre se consegue piorá-las. Ao mesmo tempo, muitas vezes está ao nosso alcance fazer com que melhorem. Aprendi bem essa lição na noite de Ano-Novo de 2001 para 2002.

Jai estava no sétimo mês da gravidez de Dylan, e nos preparávamos para receber 2002 em uma noite tranqüila, em casa, assistindo a um DVD.

O filme estava começando quando Jai disse:

– Acho que a minha bolsa estourou. – Mas não era água, e sim sangue. Em um instante ela sangrava tão profusamente que percebi que não haveria tempo sequer para chamar uma ambulância. O Magee-Womens Hospital de Pittsburgh ficava a quatro minutos dali se eu ignorasse os sinais vermelhos, e foi o que fiz.

Ao chegarmos à emergência, médicos, enfermeiros e outras pessoas da equipe do hospital apareceram com dispositivos intravenosos, estetoscópios e formulários do plano de saúde. Rapidamente detectaram que a placenta se desligara da parede uterina; chama-se "placenta abrupta". Com a placenta nessas condições, o meio de sobrevivência do feto estava se extinguindo. Ninguém precisava nos explicar a gravidade do caso. A saúde de Jai e a de nosso bebê corriam sério risco.

Nas últimas semanas a gravidez não transcorrera bem. Jai mal conseguia sentir o bebê se mexer e não estava ganhando peso suficiente. Eu sabia que é fundamental as pessoas serem ativas quanto à sua assistência médica e insisti em que ela fizesse outra ultra-sonografia. Foi então que os médicos perceberam que a placenta de Jai não estava funcionando bem. O bebê não estava se desenvolvendo. E assim os médicos aplicaram uma injeção de esteróides em Jai para estimular o desenvolvimento dos pulmões do bebê.



Tudo isso era preocupante. Mas ali, naquela sala da emergência, a situação ficara bem mais séria.

– Sua esposa está prestes a entrar em estado de choque – informou uma enfermeira. Jai estava apavorada. Percebi isso em seu rosto. E eu? Também fiquei apavorado, mas tentei manter a calma a fim de poder avaliar a situação.

Olhei em volta. Eram 21h da última noite daquele ano. Com certeza os médicos e enfermeiros mais experientes haviam sido liberados naquela noite. Eu precisava entender que lidava com a equipe reserva. Estariam preparados para a tarefa de salvar meu filho e minha mulher?

Pouco depois esses médicos e enfermeiros me impressionaram. Se pertenciam à equipe reserva, eram excelentes. Assumiram o comando com um maravilhoso misto de pressa e calma. Não pareciam em pânico. Portavam-se como quem sabe agir com eficiência em todos os momentos. E *diziam* as palavras certas.

Quando Jai estava sendo levada às pressas para uma cesariana de emergência, ela perguntou para a médica:

– Isto é ruim, não é?

Eu me admirei com a reação da médica. Foi a resposta perfeita para os nossos dias:

– Se nós estivéssemos mesmo em pânico, não teríamos feito vocês assinarem todos os formulários do plano de saúde, não é? Não perderíamos esse tempo – respondeu ela a Jai. O que a médica disse fazia sentido. Eu gostaria de saber quantas vezes ela já usou a desculpa da "papelada do hospital" para acalmar as ansiedades dos pacientes.



Em todo caso, suas palavras ajudaram. E então o anestesista me puxou para um lado.

– Olhe, esta noite você vai realizar uma tarefa, e é a única pessoa capaz de realizá-la. Sua esposa está quase entrando em estado de choque. Se isso acontecer, nós ainda poderemos tratá-la. Mas não será fácil. Portanto, você tem de ajudar a mantê-la calma. Queremos que a mantenha acordada.

É comum todos fingirem que os maridos têm um papel real no nascimento dos filhos: "Respire, querida. Muito bem. Continue respirando. Muito bem." Meu pai sempre achou divertida essa cultura de treinador, pois ficou do lado de fora comendo *cheeseburgers* quando foi pai pela primeira vez. Porém, eu tinha de fato uma tarefa a realizar. O anestesista fora objetivo, e eu percebera a força do pedido.

– Não sei o que você deve dizer a ela, nem como dizer. Tenho certeza de que você vai saber imaginar isso. Apenas tente mantê-la sob controle, caso ela entre em pânico – disse ele.

Começaram a cesariana e eu apertava com força a mão de Jai. Eu podia ver o que estava acontecendo, mas ela não. Decidi acalmá-la relatando tudo o que acontecia. E lhe diria a verdade.

Os lábios dela estavam azulados. Ela tremia. Eu lhe acariciava a cabeça e lhe segurava a mão entre as minhas, tentando descrever a cirurgia de modo claro e tranqüilizador. Por sua vez, Jai tentava desesperadamente colaborar, continuar calma e consciente.

– Estou vendo o bebê. Há um bebê aparecendo – disse-lhe.

Em meio às lágrimas ela não conseguiu fazer a pergunta mais difícil, mas eu tinha a resposta:

– Ele está se mexendo.

E então Dylan, nosso primeiro filho, soltou um berro como jamais ouvíramos. Um grito lancinante. As enfermeiras sorriram.

– Que ótimo! – exclamou alguém. Os prematuros que nascem sem energia freqüentemente têm mais problemas. Porém os que nascem assim, irritados e fazendo barulho, são guerreiros e sobrevivem.

Dylan pesava menos de 1,5 quilo. A cabeça dele era do tamanho de uma bola de beisebol. Mas a boa notícia era que respirava normalmente sem ajuda de aparelhos.

Jai sentia-se dominada pela emoção e pelo alívio. Em seu sorriso notei que os lábios azulados voltavam ao normal. Eu estava muito orgulhoso dela. Sua coragem me surpreendeu. Será que eu a ajudara a não entrar em choque? Não sei. Mas tentara dizer e fazer tudo para mantê-la consciente. Eu tentara não entrar em pânico. Talvez tenha ajudado.

Dylan foi levado para a unidade de tratamento intensivo neonatal. Passei a reconhecer que os pais cujos filhos estão ali precisam de um apoio muito específico de médicos e enfermeiros. O pessoal do Hospital Magee faz um trabalho maravilhoso, comunicando simultaneamente duas coisas dissonantes: em poucas palavras dizem aos pais: 1) seu filho é especial e nós sabemos que os cuidados médicos de que ele necessita são únicos, e 2) não se preocupem porque milhões de bebês como o seu já passaram por aqui.

Dylan nunca precisou de aparelhos para respirar, mas dia  após dia nós ainda temíamos intensamente que o estado de saúde dele piorasse. Ainda parecia cedo demais para comemorarmos plenamente nossa nova família de três membros. Todos os dias quando eu e Jai íamos ao hospital, pairava entre nós uma pergunta que não se fazia: "Será que nosso bebê estará vivo quando chegarmos lá?"

Um dia, chegamos ao hospital e a incubadora de Dylan desaparecera. Jai quase teve um colapso com o susto. Meu coração martelava. Literalmente agarrei a primeira enfermeira pela lapela, mas não consegui formular frases completas. Eu ofegava de medo, em *staccato*.

– O bebê. O sobrenome é Pausch. Onde?

Nesse momento me senti exaurido de um jeito que não sei explicar. Temia estar sendo convidado a entrar em um lugar escuro em que nunca estivera.

Mas a enfermeira apenas sorriu e explicou:

– Oh! O bebê está tão bem que nós o transferimos para o andar de cima, para um berçário aberto. – Dylan estivera em um chamado "berçário fechado", maneira mais agradável de se descrever uma incubadora.

Aliviados, subimos a escada correndo em direção à outra ala, e lá estava Dylan, aos gritos, abrindo caminho para a infância.

O nascimento de Dylan foi para mim um lembrete dos papéis que desempenhamos em nosso destino. Jai e eu poderíamos ter piorado as coisas, se desmoronássemos. Ela poderia ter ficado tão histérica que entraria em choque. Eu poderia ter ficado tão tenso que não ajudaria na sala de parto.

Durante todo aquele suplício não creio que algum dia tenhamos dito um ao outro: "Isto não é justo!" Apenas seguíamos em frente. Reconhecíamos que *havia* coisas que podíamos fazer para ajudar positivamente no resultado... e as fazíamos. Sem falar nada, nossa atitude foi a de selar o cavalo e sair cavalgando.

# 20. Cinqüenta anos sem sabermos

**Em 2006, depois da morte** de meu pai, fomos examinar seus objetos. Ele sempre fora cheio de vida e seus pertences falavam de suas aventuras. Encontrei fotos suas quando jovem, tocando acordeão, na meia-idade vestido de Papai Noel (ele adorava ser Papai Noel) e mais velho, agarrando um urso de pelúcia maior do que ele. Em outra foto ele aparece aos 80 anos, em uma montanha-russa, com um grupo de jovens na casa dos 20, estampando no rosto um enorme sorriso.

Nos objetos de meu pai descobri mistérios que me fizeram sorrir. Papai tinha uma fotografia – provavelmente tirada no início da década de 1960 – em que aparece em um mercado, de paletó e gravata. Em uma das mãos trazia um pequeno saco de papel pardo. Nunca soube o que havia naquele saco, mas, conhecendo meu pai, devia ser algo interessante.

Depois do trabalho, às vezes ele trazia para casa um brinquedinho ou uns bombons e os apresentava fazendo floreios e certa

Meu pai, de uniforme.

encenação. A distribuição era mais divertida do que o presente que ele nos trazia. Foi exatamente isso que a foto do saco me recordou.

Papai também guardava uma pilha de papéis. Cartas de seus negócios de seguros e documentos dos projetos de caridade. E então, escondido naquela pilha, encontramos um elogio de 1945, de quando meu pai serviu no Exército. O elogio por "feito heróico" vinha do general comandante da 75ª Divisão de Infantaria.

No dia 11 de abril de 1945 a companhia de infantaria de meu pai foi atacada pelas forças alemãs, e nos primeiros estágios do combate a artilharia pesada causou oito baixas.



Segundo o elogio: "Com total desprezo pela própria segurança, o soldado Pausch pulou de uma posição protegida e começou a tratar os feridos, enquanto bombas continuavam a cair nas proximidades. Esse soldado prestou socorro médico de maneira tão bem-sucedida que todos os feridos puderam ser evacuados com êxito."

Em reconhecimento, papai, então com 22 anos, recebeu a Medalha de Bronze por bravura.

Nos cinqüenta anos em que meus pais estiveram casados, em milhares de conversas que ele teve comigo, isso nunca veio à tona. E ali estava eu, semanas após sua morte, aprendendo com ele outra lição sobre o significado do sacrifício e o poder da humildade.

# 21. Jai

**Perguntei a Jai o que ela** aprendera desde que eu soube que tinha câncer. Afinal ela poderia escrever um livro intitulado *Esqueçam a palestra de despedida: esta é a verdadeira história*.

Minha esposa é uma mulher forte. Admiro-lhe a retidão, a honestidade e a sua franqueza comigo. Mesmo agora, com a perspectiva de apenas alguns meses, procuramos conviver como se tudo corresse normalmente e que nosso casamento ainda fosse durar décadas. Discutimos, ficamos frustrados, perdemos a cabeça, fazemos as pazes.

Jai tenta descobrir como lidar comigo e está fazendo progressos.

– Você é sempre o cientista, Randy. Quer ciência? Então eu lhe apresentarei ciência – diz. Ela costumava dizer que tinha "pressentimentos" a respeito de certas coisas. Agora, ao contrário, me apresenta dados.

Por exemplo: íamos visitar meus parentes neste Natal que passou, mas lá estavam todos gripados. Jai não queria expor a mim e nossos filhos a essa chance de infecção. Eu achava que devíamos fazer a viagem. Afinal, eu não teria muitas outras oportunidades de rever minha família.

– Nós nos manteremos a distância. Não haverá problema – eu disse.

Jai sabia que precisaria de mais dados. Telefonou para uma amiga enfermeira. Falou com dois médicos que moram em nossa rua. Pediu suas opiniões médicas. Eles disseram que não seria bom levar as crianças.

– Estou me baseando em autoridades médicas imparciais, Randy, e essa é a opinião deles – disse ela. Diante dos dados, eu cedi. Fiz uma viagem rápida para ver minha família e Jai ficou em casa com as crianças. (Eu não peguei a gripe.)



Sei o que estão pensando. Provavelmente nem sempre é fácil conviver com cientistas.

Por ser franca, Jai lida bem comigo. Quando perco o prumo, ela me informa isso ou me faz uma advertência:

– Alguma coisa está perturbando você. Não sei o que é. Quando souber lhe digo.

Ao mesmo tempo, em razão de meu prognóstico, Jai diz que está aprendendo a deixar passar pequenas coisas. Foi uma sugestão de nossa terapeuta. A dra. Reiss tem o dom de ajudar as pessoas a reajustarem suas vidas quando um dos parceiros sofre de doença terminal. Casais como nós precisam encontrar uma "nova normalidade".

Eu espalho tudo. Minhas roupas, limpas e sujas, ficam espalhadas pelo quarto, e a pia do banheiro, repleta delas. Isso enlouquece Jai. Antes de minha doença, ela reclamava. Mas a dra. Reiss aconselhou-a a não deixar que pequenas coisas nos perturbassem.

Obviamente eu deveria ser mais cuidadoso. Devo muitas desculpas a Jai. Mas ela parou de me falar das pequenas coisas que a aborrecem. Será que gostaríamos de passar nossos últimos meses juntos discutindo porque eu não pendurei as minhas calças? Não, claro que não. E assim, agora Jai chuta minhas roupas para um canto e segue em frente.

Um amigo nosso sugeriu que Jai fizesse um diário, e ela admite que isso ajuda. Escreve ali tudo o que a aborrece a meu respeito. "Hoje à noite Randy não colocou o prato na máquina de lavar", escreveu certa noite. "Simplesmente deixou na mesa e foi para o computador." Ela sabia que eu estava preocupado, pesquisando na internet possíveis tratamentos médicos. Ainda assim, o prato deixado sobre a mesa a incomodou. Não a censuro. Ela escreveu sobre o assunto, sentiu-se melhor e evitou uma discussão.



Jai tenta se concentrar no presente, e não nas coisas negativas que virão.

– Não é saudável passar todos os dias temendo o amanhã – diz.

Em nossa casa, no entanto, a última passagem de ano foi muito emotiva, um misto de carinho e amargura. Era o sexto aniversário de Dylan e, portanto, houve uma festa. Nós também nos sentíamos agradecidos porque eu chegara ao novo ano. Mas isso não nos levava a discutir o elefante na sala: a próxima passagem de ano sem minha presença.

Naquele dia levei Dylan ao cinema para assistir *A loja mágica de brinquedos*, que conta a história de um fabricante de brinquedos. Eu lera na internet a sinopse do filme, porém não mencionava que o sr. Magorium decidira que era hora de morrer e entregar a loja para uma aprendiz. Ali estava eu, no cinema com Dylan no colo, e ele chorando porque o sr. Magorium ia morrer. (Dylan ainda não sabe de meu diagnóstico.) Se minha vida fosse um filme, essa minha cena com Dylan seria arrasada pela crítica pelo presságio inverossímel. Contudo, há uma frase do filme que permanece comigo. A  aprendiz (Natalie Portman) diz ao dono da loja (Dustin Hoffman) que ele não pode morrer, que precisa viver. E ele responde: "Eu já vivi."

Mais tarde naquela noite, quando o Ano-Novo se aproximava, Jai percebeu que eu estava deprimido. Para me animar, fez um retrospecto do ano anterior, mostrando-me algumas coisas maravilhosas que haviam acontecido. Tivéramos férias românticas, só nós dois, que não teríamos desfrutado se o câncer não fosse um lembrete sobre a preciosidade do tempo. Assistíramos às crianças crescerem, nossa nova casa estava de fato repleta de uma bela energia e uma grande quantidade de amor.

Jai prometeu continuar ali, por mim e pelas crianças:

– Tenho quatro bons motivos para ser forte e continuar em frente. E farei isso – prometeu.

Jai também me contou que um dos melhores momentos de seu dia é me observar com as crianças. Diz que meu rosto se ilumina quando Chloe fala comigo. (Chloe tem 1 ano e meio e começa a formular frases com meia dúzia de palavras.)

No Natal eu transformara em aventura a instalação das luzes na árvore. Em vez de mostrar a Dylan e a Logan a maneira correta de colocá-las – com cuidado e meticulosamente –, deixei-os à vontade. Para mim as luzes da árvore estariam perfeitas onde eles escolhessem. Fizemos um vídeo dessa cena caótica, e Jai diz que foi um "momento mágico", que será uma de suas lembranças preferidas de nossa família reunida.

✩ ✩ ✩

Jai recorre a sites na internet à procura de pacientes com câncer e suas respectivas famílias. Ela encontra algumas informações úteis, mas não consegue se deter por muito tempo. 

– Muitos depoimentos começam assim: "A luta de Bob acabou." "A luta de Jim acabou." Não acho que ler isso ajude – diz ela.

Um depoimento, contudo, fez com que ela entrasse em campo. Era escrito por uma mulher cujo marido tinha câncer no pâncreas. Eles planejaram tirar férias com a família, mas adiaram. Ele morreu antes de poderem marcar uma nova data. "Façam as viagens que sempre quiseram fazer", aconselhava a mulher. "Vivam o momento." Jai se dedica a fazer exatamente isso.

Passou a conhecer outras pessoas em nossa cidade que também cuidam de parceiros com doenças terminais, com as quais acha útil conversar. Se precisa se queixar de mim, ou desabafar a pressão que está vivendo, essas conversas têm sido uma boa saída.

Ao mesmo tempo, tenta se concentrar em nossos períodos mais felizes. Quando eu a cortejava, enviava-lhe flores uma vez por semana, pendurava animais de pelúcia em seu escritório. Eu extrapolava e – quando não a intimidava – ela se divertia! Ultimamente ela tem recuperado suas lembranças do Randy romântico e isso a faz sorrir e a ajuda a atravessar os momentos de depressão.

A propósito, Jai concretizou um bom número de seus sonhos de infância. Queria ter um cavalo. (Isso não aconteceu, mas ela cavalgou muito.) Queria ir à França. (Isso aconteceu: ela passou um verão em uma faculdade francesa.) E, acima de tudo, quando criança sonhava um dia ter filhos.



Eu gostaria de ter mais tempo para ajudá-la a realizar outros sonhos. Mas as crianças são a concretização de um sonho espetacular e isso é um grande conforto para nós dois.

Quando Jai e eu conversamos sobre as lições que ela aprendeu com nossa trajetória, ela fala da força que adquirimos estando juntos, lado a lado. Afirma que se sente grata por podermos conversar de forma franca e íntima. E então me diz que minhas roupas estão espalhadas pelo quarto e que isso é muito irritante, mas, considerando todos os fatos, ela me concede salvo-conduto. Já sei: antes que ela comece a rabiscar o diário, preciso arrumar minha bagunça. Vou me esforçar. É uma de minhas resoluções de Ano-Novo.

# 22. A verdade liberta

Recentemente um policial me mandou encostar o carro, não longe de minha nova casa na Virgínia. Eu não vinha prestando atenção e ultrapassara o limite de velocidade.

– Posso ver sua habilitação e os documentos do carro? – indagou o guarda. Peguei ambos e lhe entreguei; ele viu meu endereço de Pittsburgh em minha carteira de motorista da Pensilvânia.

– O que está fazendo aqui? É militar? – perguntou.

– Não, não sou militar – respondi. Expliquei que acabara de me mudar para a Virgínia e que ainda não tivera tempo de me registrar ali.

– E o que o traz aqui?

Ele fizera uma pergunta direta. Sem pensar muito, dei-lhe uma resposta direta.

– Pois bem, seu guarda, já que perguntou, eu sofro de um câncer terminal. Tenho apenas alguns meses de vida. Nós nos mudamos para cá para ficarmos perto da família de minha mulher.

O policial levantou a cabeça e me olhou de esguelha.

– Então você tem câncer – disse sem rodeios. Estava tentando me decifrar e compreender o que eu acabara de lhe dizer. Eu estaria mesmo morrendo? Estaria mentindo? Olhou-me demoradamente. – Muito bem, para um sujeito com apenas poucos meses de vida, sua aparência é ótima.

Obviamente estava pensando: "Ou este sujeito está me pregando uma boa peça, ou dizendo a verdade. E não tenho como saber." Não era uma situação fácil para ele, pois tentava saber o quase impossível. Tentava questionar minha sinceridade sem me chamar diretamente de mentiroso. E assim, forçara-me a provar que eu estava sendo honesto. Como eu poderia fazer isso?



– Pois bem, seu guarda, eu sei que pareço bastante saudável. É uma ironia. Aparentemente, estou ótimo, mas os tumores estão dentro de mim. – E então não sei o que se apoderou de mim, mas sei que agi: tirei a camisa, revelando as cicatrizes de minhas cirurgias.

O guarda olhou para as cicatrizes. Olhou nos meus olhos. Pude perceber em seu rosto: agora ele sabia que falava com um moribundo. E mesmo que eu fosse o vigarista mais descarado que ele algum dia parara, ele não levaria aquilo adiante. Devolveu-me a carteira, dizendo:

– Faça-me um favor. Daqui para a frente, diminua a velocidade.

A terrível verdade me libertara. Quando o guarda se encaminhava para o carro de polícia, eu entendi. Eu nunca fui uma dessas louras esplêndidas que, com um piscar de olhos, se livram de multas. Dirigi para casa obedecendo ao limite de velocidade e também sorrindo, como uma rainha de concurso de beleza.

# IV

# POSSIBILITAR OS SONHOS ALHEIOS

# 23. Estou em lua-de-mel, mas se precisar de mim...

Outro dia Jai me pediu para fazer compras no supermercado. Depois de concluir a lista, calculei que sairia mais rápido se usasse a fila do auto-atendimento. Inseri o cartão de crédito na máquina, segui as instruções e eu mesmo registrei as compras. A máquina chiou, apitou e informou que eu devia 16,55 dólares, mas não emitiu o recibo. Tornei a enfiar o cartão de crédito e reiniciei a operação.

Em breve surgiram dois recibos. A máquina me cobrara duas vezes.

Àquela altura eu precisava tomar uma decisão. Poderia chamar o gerente, que ouviria minha história, preencheria um formulário e levaria meu cartão de crédito até seu controle para extornar um dos pagamentos desse valor. Toda essa amolação enfadonha gastaria de dez a 15 minutos. E isso para mim não teria graça alguma.

Considerando a curta trajetória que tenho pela frente, será que eu iria querer perder aqueles minutos preciosos para obter o ressarcimento? Não. Será que eu poderia pagar os 16,55 dólares a mais? Poderia. Então saí do mercado feliz por ter ganho 15 minutos em troca de pouco mais de 16 dólares.

Durante toda a minha vida tenho tido total consciência de que o tempo é finito. Admito ser extremamente lógico a respeito de muitas coisas, mas creio sem hesitar que uma de minhas fixações mais adequadas tem sido a de administrar bem o tempo. Insisto sempre com meus alunos sobre a administração do tempo. Tenho dado palestras a respeito. E como me tornei muito bom nessa área, sinto-me capaz de compactar muito de uma existência no curto período de vida que me coube.



Eis o que aprendi:

**O tempo deve ser administrado com precisão, assim como o dinheiro.** Às vezes meus alunos reviram os olhos diante do que chamam de "Pauschismos", mas me mantenho firme. Insisto com eles para não investirem tempo em detalhes irrelevantes e lhes digo:

– Não adianta vocês polirem a parte de baixo do corrimão.

**É sempre possível mudar de plano, desde que se tenha algum.** Acredito muito em listas de coisas a fazer. Elas nos ajudam a dividir a vida em pequenas etapas. Certa vez incluí "obter estabilidade" em minha lista. Fui ingênuo. As listas mais úteis dividem as tarefas em pequenas etapas. É a mesma coisa quando, por exemplo, incentivo Logan a arrumar seu quarto recolhendo uma coisa de cada vez.

**Pergunte a si mesmo: está gastando tempo com as coisas certas?** Talvez você tenha causas, objetivos, interesses. Eles merecem seu esforço? Por muito tempo guardei um recorte de um jornal de Roanoke, na Virgínia, que exibia a foto de uma mulher grávida que moveu um protesto contra uma construtora local. Sua preocupação era de que o som das britadeiras interferisse no desenvolvimento do feto. Mas na foto ela aparecia segurando um cigarro. Se ela se preocupasse com o feto, o tempo que empregou reclamando das britadeiras teria sido muito mais bem gasto se tivesse abandonado o cigarro.

**Desenvolva um bom sistema de arquivos.** Quando eu disse a Jai que queria um lugar na casa no qual pudéssemos arquivar tudo em ordem alfabética, ela disse que eu parecia compulsivo demais para seu gosto. Eu argumentei:



– Arquivar as coisas em ordem alfabética é melhor do que correr de um lado para outro dizendo: "Eu sei que era azul, e sei que eu estava comendo algo enquanto o segurava."

**Repense o telefone.** Vivo em uma cultura em que se passa boa parte do tempo ao telefone, ouvindo: "Sua chamada é muito importante para nós." Sim, tudo bem, é como um sujeito que dá um tapa no rosto da garota no primeiro encontro e diz: "Na verdade, eu a amo." É assim que funciona o moderno serviço de atendimento a clientes. E eu o rejeito. Asseguro-me de nunca segurar o fone contra o ouvido. Uso sempre um microfone, para liberar as mãos e fazer outras coisas.

Também desenvolvi técnicas para abreviar telefonemas desnecessários. Se estou sentado falando ao telefone, jamais ponho os pés para o alto. Na verdade, é melhor ficar de pé enquanto se fala ao telefone. Assim é mais fácil apressar as coisas. Também gosto de ter sobre a mesa algo que queira fazer, para ter pressa de encurtar a conversa.

Ao longo dos anos descobri outros truques para o telefone. Quer despachar rapidamente um atendente de *telemarketing*? Desligue enquanto estiver falando e o vendedor, ouvindo. Ele pensará que a ligação caiu e tentará o cliente seguinte. Quer encurtar uma conversa telefônica? Telefone bem perto da hora do almoço. A pessoa falará depressa. Talvez você pense que é interessante, porém o almoço é mais.

**Delegue.** Como professor, aprendi cedo que podia confiar as chaves de meu reino a brilhantes alunos de 19 anos que em geral se mostraram responsáveis e sérios. Nunca é cedo demais para delegar. Minha filha Chloe tem apenas 1 ano e meio, mas em duas de minhas fotos favoritas ela está em meu colo. Na primeira eu estou lhe dando a mamadeira. Na segunda, deleguei-lhe a tarefa. Ela parece satisfeita e eu também.

**Tire férias.** As férias não serão reais se você ficar lendo e-mails ou procurando mensagens. Quando Jai e eu viajamos em lua-de-mel, queríamos ficar a sós. Mas meu chefe achou que eu precisava arranjar um meio de ser contatado. Então gravei esta mensagem telefônica perfeita:

"Alô, aqui é Randy. Esperei até ter 39 anos para casar e minha mulher e eu vamos passar um mês fora. Espero que você não se incomode com isso, mas meu chefe se incomoda. Aparentemente, eu preciso estar acessível." Em seguida eu informava o nome dos pais de Jai e a cidade onde moram. "Se você procurar na lista telefônica, obterá o número deles. E, se convencê-los de que a emergência merece interromper a lua-de-mel de sua filha única, eles lhe darão nosso número."



Ninguém telefonou.

Alguns de meus truques para administrar o tempo são extremamente sérios, outros, um pouco irônicos. Mas creio que todos merecem ser considerados.

O tempo é tudo o que possuímos. E talvez um dia constatemos que possuímos menos do que julgávamos.

# 24. O tolo que se redimiu

**Entre os educadores é um** clichê corrente que o objetivo número um de todo professor deveria ser o de ajudar os alunos a aprenderem a estudar.

Naturalmente, sempre reconheci o valor dessa premissa. Mas a meu ver, um objetivo melhor seria: ajudar os alunos a aprenderem a se avaliar.

Será que os alunos reconhecem suas verdadeiras habilidades? Têm noção de suas falhas? São realistas a respeito de como os outros os vêem?

Afinal, o educador ajuda mais o aluno quando o faz refletir a respeito de si mesmo. O único meio de nos aprimorarmos – o treinador Graham me ensinou – é desenvolvendo uma habilidade real de avaliarmos a nós mesmos. Se não conseguirmos fazer isso com precisão, como saber se progredimos ou regredimos?

Alguns mestres da escola tradicional se queixam de que hoje em dia a educação superior com freqüência parece um negócio comercial. Alunos e pais crêem que estão pagando muito por um produto e, portanto, querem ser avaliados de maneira mensurável. É como se entrassem em uma loja de departamentos e, em vez de cinco calças jeans de marca, comprassem um curso de cinco matérias.

Não rejeito totalmente o modelo compra e venda, mas acho importante usar a metáfora industrial correta. Não se trata de venda a varejo. Ao contrário, eu compararia o custo do ensino à taxa paga por um treinador em uma academia de ginástica. Nós, professores, representamos o papel de treinadores, permitindo que os alunos tenham acesso aos equipamentos (livros, laboratórios, nosso saber), e depois é nossa função exigir. Temos de fiscalizar se eles se empenham. Temos de elogiá-los quando merecem e lhes falar honestamente quando ainda precisam se esforçar mais.



E o mais importante: temos de ensinar-lhes a avaliar seu próprio desempenho. O melhor da academia de ginástica é que se a gente se esforça, o resultado é óbvio. O mesmo deveria valer para a universidade. A função de um professor é ensinar os alunos a perceberem o progresso de suas mentes, assim como eles vêem os músculos se desenvolverem quando se olham no espelho.

Com esse objetivo me esforcei ao máximo para descobrir mecanismos de as pessoas ouvirem os *feedbacks*. Sempre ajudei meus alunos a desenvolverem seus próprios meios de auto-avaliação. Não foi fácil. Fazer as pessoas aceitarem uma avaliação sobre elas foi a tarefa mais difícil que enfrentei como educador. (Assim como não tem sido fácil em minha vida pessoal.) Entristece-me ver tantos pais e educadores abrirem mão disso.

Muitas vezes, quando falam em construir auto-estima apelam para o elogio fácil, em vez da honesta construção do caráter. Já ouvi muitas queixas de que nosso sistema educacional entrou em espiral descendente e acho que um dos motivos principais é o esforço excessivo e a falta de *feedback* verdadeiro.

Quando ministrei o curso "A construção de mundos virtuais", na Carnegie Mellon, nós fazíamos avaliações de 15 em 15 dias. A turma colaborava muito e os alunos trabalhavam em grupos de quatro, em projetos computadorizados de realidade virtual. Dependiam uns dos outros e as notas refletiam isso.

Reunimos todas as avaliações e elaboramos uma planilha. Ao fim do semestre, depois de cada aluno ter trabalhado em cinco projetos com três colegas diferentes, cada qual obteve 15 pontos de referência. Foi um meio pragmático e estatisticamente válido de fazê-los se avaliarem.



Criei gráficos estatísticos coloridos, nos quais o aluno podia ver uma classificação em medidas simples, tais como:

1) Os colegas acharam que ele se esforçou bastante? Quantas horas exatamente os colegas acham que ele dedicou a um projeto?
2) Até que ponto sua contribuição foi criativa?
3) Os colegas acharam fácil ou difícil trabalhar com ele? Foi cooperativo?

Sempre enfatizei que a terceira questão, em especial, permite avaliar precisamente se é fácil ou difícil trabalhar com alguém.

Os gráficos de barras coloridos eram muito específicos. Todos os alunos sabiam se situar em relação aos 49 colegas.

Esses gráficos eram complementados com opiniões mais informais dos colegas, sugestões específicas para melhorar, por exemplo: "Deixe os outros terminarem as frases quando estiverem falando."

Eu tinha a esperança de que muitos alunos vissem essas informações e refletissem: "Ah, eu preciso elevar meu nível." Era difícil ignorar esse *feedback*, mas alguns ainda conseguiram.

Em outro curso que ministrei, fiz os alunos se avaliarem mutuamente de igual modo, mas não permiti que eles soubessem suas notas, e sim a faixa em que haviam sido classificados. Lembro-me da conversa que tive com um aluno que era particularmente odiado pelos colegas. Ele era inteligente, mas sua auto-estima exagerada não lhe permitia perceber quanto estava sendo rejeitado. Ele viu os dados que o situavam na última faixa e nem assim se abalou.



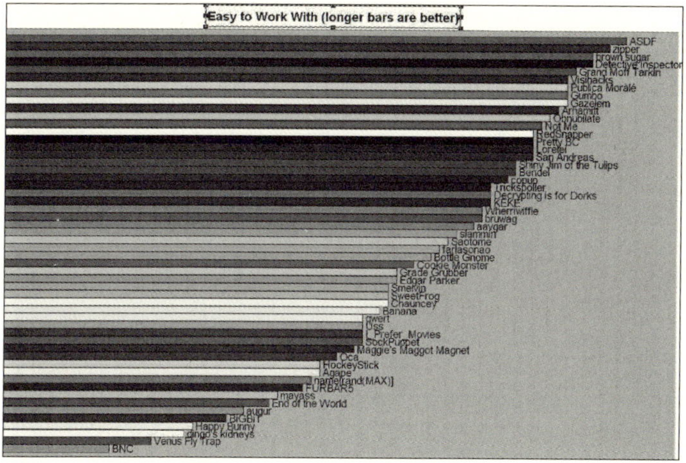

Fácil de se lidar (barras maiores são melhores)

Imaginou que já que fora avaliado nos 25% inferiores, deveria estar próximo de 24 ou 25% (e não, digamos, nos últimos 5%). Portanto, em sua cabeça, ele estava quase na faixa acima. Assim, ele se via "não muito longe dos 50%", o que significava que os colegas o achavam ótimo.

– Fico muito contente por nós termos tido esta conversa – eu lhe disse –, porque acho importante lhe dar umas informações específicas. Você não está apenas nos 25% inferiores. Dos cinqüenta alunos do curso, seus colegas o avaliaram como o pior. Você foi o número 50. Seu problema é sério. Eles dizem que você não os escuta. Que é difícil lidar com você. As coisas não estão nada bem.



O aluno ficou abalado. (Eles estão sempre abalados.) Fizera toda aquela racionalização e agora lá estava eu a lhe comunicar sua péssima avaliação.

E então eu lhe contei a verdade a meu respeito.

– Eu era igual a você – disse-lhe. – Enganava a mim mesmo. Mas tive um professor que demonstrou quanto se importava comigo e me contou toda a verdade. E veja o que me torna especial: eu o escutei.

O aluno arregalou os olhos e eu prossegui:

– Admito que sou um tolo que se redimiu. E isso me dá autoridade moral para lhe dizer que você também pode ser um tolo a se redimir.

Durante o restante do semestre esse aluno se policiou. E progrediu. Eu lhe fizera um favor igual ao que recebera de Andy van Dam anos antes.

# 25. Treinando um Jedi

**É emocionante concretizar** nossos sonhos de infância, mas à medida que ficamos mais velhos talvez achemos mais gratificante ajudar os outros a concretizarem os seus.

Em 1993 eu lecionava na Universidade da Virgínia quando Tommy Burnett, um artista de 22 anos que se transformara em mago da computação gráfica, pleiteou um trabalho em minha equipe de pesquisa. Depois de conversarmos sobre sua vida e seus objetivos, ele de repente disse:

– Ah, desde a infância tenho um sonho.

Sempre presto atenção quando ouço alguém mencionar as palavras "infância" e "sonho" na mesma frase.

– E qual é esse sonho, Tommy? – perguntei.

– Quero trabalhar no próximo filme de *Guerra nas estrelas* – foi a resposta.

É bom lembrar que essa conversa se passou em 1993. O último filme da série *Guerra nas estrelas* fora feito em 1983 e não havia planos concretos para uma continuação. Eu ponderei:

– É um sonho complicado, porque será difícil de realizar. Dizem que a série já está encerrada.

– Não, ainda vão fazer outros filmes e quando fizerem vou participar. É esse meu plano – disse Tommy.

Tommy tinha 6 anos de idade quando foi lançado o primeiro *Guerra nas estrelas*, em 1977. E comentou comigo:

– Muitos garotos queriam ser o Han Solo. Eu não. Eu queria ser o sujeito que fez os efeitos especiais: as espaçonaves, os planetas, os robôs.

Tommy me contou que quando era garoto leu todos os artigos técnicos que conseguiu a respeito de *Guerra nas estrelas*. Possuía todos os livros que explicavam como foram construídos os modelos e como foram produzidos os efeitos especiais.



Enquanto ele falava, eu revivia mentalmente o passeio que fiz à Disney, ainda menino, e minha ânsia de crescer para poder criar aquelas atrações. Imaginei que o grande sonho de Tommy, embora jamais viesse a se tornar realidade, de algum modo o ajudaria. Seria bom contar com um sonhador como ele. Eu sabia, com base em meu desejo de jogar na Liga Nacional de Futebol Americano, que, ainda que Tommy não conseguisse concretizar seus sonhos, eles o ajudariam de qualquer maneira, e assim convidei-o a integrar nossa equipe de pesquisa.

Tommy poderá confirmar que eu era um chefe muito rigoroso. Hoje ele se lembra de que eu lhe exigia muito e tinha expectativas bastante elevadas, mas ele também sabia que, no fundo, eu me importava com suas melhores aspirações. Ele me compara a um treinador de futebol muito exigente. (Quem sabe se eu não seria uma espécie de eco do treinador Graham?) Tommy também diz que aprendeu comigo não apenas o processo da realidade virtual, mas também a reconhecer que os colegas de trabalho precisam formar uma espécie de família. Lembra-se de eu ter lhe dito: "Eu sei que você é inteligente. Mas aqui todos são. E inteligência não basta. Em minha equipe de pesquisa quero pessoas com quem as outras gostem de conviver."

Tommy acabou se tornando esse tipo de membro na equipe. Depois que obtive estabilidade como professor da universidade, levei Tommy e outros técnicos de minha equipe de pesquisa à Disney, como forma de agradecimento.



Quando me transferi para a Carnegie Mellon, todos os membros da equipe da Universidade da Virgínia me acompanharam – menos Tommy. Ele não podia se mudar. Por quê? Porque fora contratado pela Industrial Light & Magic, a companhia do produtor/diretor George Lucas. E note-se que ele foi contratado não por causa de seu sonho, mas sim por suas habilidades. No período em que participou de nosso grupo de pesquisa, Tommy se tornou um destacado programador de linguagem Python, por sorte dele a linguagem escolhida pela empresa de Lucas. E sorte mesmo é quando o preparo se une à oportunidade.

Não é difícil adivinhar o fim dessa história: foram realizados três novos filmes da série *Guerra nas estrelas* – em 1999, 2002 e 2005 –, e Tommy acabou trabalhando em todos eles.

Em *Guerra nas estrelas – Episódio II: O ataque dos clones*, Tommy foi o principal diretor técnico. Havia uma incrível cena de batalha com duração de 15 minutos em um planeta vermelho e rochoso, com uma legião de clones contra dróides, e foi Tommy quem planejou tudo. Juntamente com sua equipe, utilizou fotos do deserto de Utah para criar uma paisagem virtual para a batalha. Por falar em trabalhos incríveis, ele tinha um trabalho que o permitia passar o dia em outro planeta.

Anos depois teve a gentileza de receber a mim e a meus alunos em uma visita à Industrial Light & Magic. Meu colega Don Marinelli iniciara uma excelente tradição de levar alunos em uma viagem anual para o oeste, para conhecerem empresas de entretenimento e de alta tecnologia e assim se iniciarem no mundo da computação gráfica. A essa altura Tommy era um deus para esses estudantes, uma concretização de seus sonhos.



Tommy participou de um debate, com outros três ex-alunos meus, e meus alunos atuais fizeram perguntas. Esse grupo específico de alunos ainda estava inseguro comigo. Eu continuava igual ao que sempre fora – um professor rigoroso, com expectativas elevadas e maneiras um tanto peculiares –, e eles não estavam no momento de aproveitar isso. Nesse sentido, era preciso aprender a gostar de mim e como só convivíamos há um semestre, alguns eram mais cautelosos comigo.

A discussão caminhou para a dificuldade de se conseguir uma chance de entrar no mundo do cinema e alguém quis saber até que ponto a sorte influenciava. Tommy se ofereceu para responder e falou assim:

– De fato, é preciso muita sorte. Mas isso vocês todos já têm. Trabalhar com Randy e aprender com ele já é uma sorte enorme. Eu não estaria aqui se não fosse ele.

Eu já experimentara flutuar à gravidade zero. Mas naquele dia flutuei ainda mais. Fiquei imensamente grato em saber que Tommy percebera que eu o ajudara a concretizar seus sonhos. Mas o que me deixou realmente feliz foi vê-lo retribuir meu favor, possibilitando os sonhos daqueles alunos (e me ajudando nesse processo). Graças a Tommy, aquele momento significou uma reviravolta radical em meu relacionamento com aquela turma.

# 26. Fiquei simplesmente boquiaberto

**As pessoas que me conhecem** sabem que sou maníaco por eficiência. Obviamente, me reconhecem assim. Estou sempre fazendo duas coisas práticas ao mesmo tempo, ou melhor, três. Por isso, ao longo de minha carreira de professor, comecei a me perguntar:

Se consegui ajudar cada um dos alunos individualmente a concretizarem seus sonhos de infância, haveria um jeito de fazer isso em larga escala?

Encontrei essa larga escala quando cheguei à Carnegie Mellon, em 1997, para ser professor adjunto de Ciência da Computação. Minha especialidade era "interação entre seres humanos e computadores", e criei um curso intitulado "A construção de mundos virtuais".

A premissa não estava muito longe da idéia de Mickey Rooney e Judy Garland, "vamos montar um espetáculo", apenas atualizada para a era da computação gráfica, da animação em terceira dimensão e da construção dos chamados "mundos imersivos (com a utilização de capacetes) e interativos de realidade virtual".

Iniciei o curso com cinqüenta alunos de todos os diferentes departamentos da universidade. Tínhamos atores, estudantes da língua inglesa e escultores misturados a engenheiros, estudantes de matemática e viciados em computação. Eram alunos cujos caminhos jamais haviam tido razão para se cruzarem, dada a grande autonomia entre as diferentes disciplinas da Carnegie Mellon. Mas fizemos esses garotos passarem a interagir, forçando-os a se unirem para fazer algo que não fariam sozinhos.



Cada equipe era constituída de quatro alunos escolhidos aleatoriamente, que se reuniam em torno de projetos que duravam duas semanas. Eu me limitava a lhes dizer: "Construam um mundo virtual." E então eles programavam alguma coisa, sonhavam com ela, mostravam a todos e depois eu trocava as equipes, elas adquiriam três novos participantes e recomeçavam.

Eu tinha apenas duas regras para o mundo da realidade virtual: nada de violência, tiroteios ou pornografia. Decretei isso principalmente porque essas coisas têm aparecido muito em jogos de computação, e eu buscava uma idéia original.

Todos se surpreenderão ao saber que a maioria dos rapazes de 19 anos fica totalmente desprovida de idéias quando se exclui sexo e violência. E, no entanto, quando eu lhes pedi para pensarem além do óbvio, muitos enfrentaram o desafio. Na verdade, no primeiro ano em que ofereci esse curso, os alunos apresentaram seus projetos iniciais e eu fiquei simplesmente boquiaberto.

O trabalho em si excedeu minha imaginação. Impressionei-me em especial porque eles programavam em computadores inferiores aos padrões da realidade virtual de Hollywood, e produziram jóias incríveis.

Eu já era professor há dez anos, e quando iniciei esse curso não sabia o que esperar. Distribuí a primeira tarefa para ser executada no prazo de duas semanas e acabei surpreso com os resultados. Não sabia o que fazer em seguida. Estava tão perplexo que procurei meu mentor, Andy van Dam.

– Andy, acabei de dar a meus alunos uma tarefa para ser concluída em duas semanas e eles me devolveram um trabalho que, se eu lhes tivesse dado um semestre inteiro para realizar, eu daria nota dez para todos. O que devo fazer?



Andy pensou um pouco e disse:

– Muito bem. Eis o que você deve fazer: volte para a sala de aula, amanhã, olhe-os bem nos olhos e diga: "Isto aqui está muito bom, rapazes, mas sei que vocês podem fazer melhor."

A resposta de Andy me deixou estupefato, mas segui seu conselho, e deu certo. Ele estava me dizendo, e eu obviamente não sabia, que o obstáculo deve ser colocado bem alto e que eu estaria prestando um desserviço aos alunos se diminuísse a altura.

E os estudantes continuaram melhorando e me inspirando com suas criações. Muitos projetos eram brilhantes, variando desde aventureiros descendo corredeiras em balsas até românticos passeios de gôndola em Veneza ou ninjas patinadores. Alguns de meus alunos criaram mundos existenciais totalmente diferentes, repletos de adoráveis criaturas em 3D que lhes povoaram os sonhos de infância.

Nos dias de apresentação eu chegava à minha sala e encontrava os cinqüenta alunos e mais outras cinqüenta pessoas que eu não conhecia: colegas de quarto, amigos, pais. Os pais nunca haviam assistido às minhas aulas! E isso foi crescendo como uma bola de neve. Acabamos tendo tanta gente nos dias de apresentação que precisamos nos mudar para um auditório maior. Era uma sala com gente em pé, com mais de quatrocentas pessoas torcendo por suas apresentações de realidade virtual favoritas. Certa vez Jared Cohon, reitor da Carnegie Mellon, me disse que aquilo parecia torcida da Ohio State, se não fosse uma reunião acadêmica.

Nos dias de apresentação eu sempre sabia quais seriam os melhores projetos. Podia reconhecer pela postura corporal dos estudantes. Se determinado grupo se mantivesse de pé e bem unido, eu sabia que os componentes haviam estabelecido vínculos e que o mundo virtual por eles criado valeria a pena ver.



O que eu mais amava nisso tudo era perceber que o trabalho de equipe se revelava fundamental para o sucesso. Até que ponto aqueles estudantes avançariam? Eu não fazia idéia. Conseguiriam realizar seus sonhos? A única resposta certa que eu tinha para cada um deles era: "Neste curso nada se consegue sozinho."

☆ ☆ ☆

É possível aprimorar o que se está fazendo?

O professor de teatro Don Marinelli e eu, com a bênção da universidade, realizamos algo que parecia loucura. Era e ainda é o chamado "Centro de Tecnologia do Entretenimento" (www.etc.cmu.edu), mas gostávamos de imaginá-lo como uma "fábrica de realização de sonhos": um programa de mestrado de dois anos, no qual alunos de artes e de tecnologia trabalham juntos criando atrações para parques de diversão, jogos para computador, *animatronics*[7] e tudo o mais que consigam sonhar.

As universidades sensatas jamais se aproximaram desses assuntos, mas a Carnegie Mellon nos deu licença explícita para rompermos essa barreira.

Don e eu personificávamos a mistura da arte com a tecnologia: lado direito do cérebro *versus* lado esquerdo; um sujeito de teatro *versus* um da computação. Por sermos muito diferentes, às vezes nos tornamos muralhas um para o outro. Mas sempre arranjamos um jeito de fazer as coisas funcionarem. Como resultado, os alunos freqüentemente aproveitavam o melhor de nossas abordagens divergentes (e *com certeza* aprenderam a trabalhar com pessoas diferentes). A mistura de liberdade com trabalho de equipe eletrizava os ânimos naquele prédio. As empresas rapidamente nos descobriram e nos escreveram, propondo contratar nossos alunos com três anos de antecedência, o que significava que se comprometiam a contratar gente que sequer tínhamos formado.



[7] Tipos de robôs criados pela Disney. (N. dos T.)

Don realizou 70% do trabalho no Centro de Tecnologia do Entretenimento e merece mais de 70% dos créditos. Ele também criou um *campus* satélite na Austrália, e tem planos para outros *campi* na Coréia e em Cingapura. Centenas de alunos do mundo inteiro, que jamais conhecerei, poderão concretizar seus mais loucos sonhos de infância. E isso é muito bom!

# 27. A Terra Prometida

**Tornar possíveis os sonhos** de outras pessoas é algo que pode ser feito em várias escalas diferentes. Pode-se ajudar um a um, à maneira como trabalhei com Tommy, o sonhador de *Guerra nas estrelas*. Pode-se ajudar cinqüenta ou cem pessoas ao mesmo tempo, como Don Marinelli e eu fizemos no curso "A construção de mundos virtuais" ou no Centro de Tecnologia do Entretenimento. E se você tiver muita ambição e certa dose de audácia, pode tentar fazê-lo em escala monumental, tentando concretizar os sonhos de milhões de pessoas.

Gostaria de imaginar que isso acontece com o "Alice", o *software* pedagógico da Carnegie Mellon que tive a sorte de ajudar a desenvolver. O Alice permite que os estudantes de Introdução à Computação – e todos mais, jovens ou velhos – criem facilmente animações para contar uma história, jogar um jogo interativo ou produzir um vídeo. Ele utiliza ilustrações em 3D e técnicas de arraste-e-solte para propiciar aos usuários uma primeira experiência em programação mais participativa e menos frustrante. O programa é oferecido pela Carnegie Mellon como serviço público gratuito, e mais de um milhão de pessoas já o baixou para seus computadores. Daqui a alguns anos espera-se que a utilização aumente significativamente.

Em minha opinião, o Alice é infinitamente expansível. Expansível a ponto de me permitir imaginar dezenas de milhões de crianças usando-o para perseguirem seus sonhos.

Desde a época em que o lançamos, no início da década de 1990, adorei constatar que ele ensina a programar o computador utilizando dribles. Lembram-se do drible? Ocorre quando se ensina algo a alguém fazendo-o pensar que está aprendendo outra coisa. Portanto, os alunos pensam que estão utilizando o Alice para fazer filmes ou criar videogames. O drible é que, na verdade, eles estão aprendendo a se tornar programadores de computação.

Walt Disney sonhou um mundo de fantasia que nunca fosse concluído. Queria mantê-lo crescendo e mudando sempre. Da mesma maneira, me empolgo em pensar que as futuras versões do Alice, agora desenvolvidas por meus colegas, sejam ainda melhores do que as que elaboramos no passado. Em futuras interações, as pessoas pensarão que estão escrevendo roteiros para filmes, mas na verdade estarão aprendendo linguagem de programação Java. E graças a meu amigo Steve Seabolt, da Electronic Arts, tivemos permissão para utilizar personagens de *The Sims*, o videogame de computação mais vendido em toda a História. Não é maravilhoso?

Sei que o projeto está em mãos fantásticas. O desenhista principal do Alice, Dennis Cosgrove, foi meu aluno na Universidade da Virgínia. Outra ex-aluna que se tornou minha colega, Caitlin Kelleher, viu o Alice nos primeiros estágios e comentou comigo:

– Eu sei que o Alice torna a programação mais fácil, mas por que é tão divertido?

E eu retruquei:

– Ora, sou um homem compulsivo e gosto de fazer soldadinhos de brinquedo se movimentando sob meu comando, e isso é divertido.

Então Caitlin tentou um meio de tornar o programa igualmente divertido para as garotas e concluiu que o segredo para interessá-las era a maneira de contar a história. E assim, como tese de doutorado, ela construiu um sistema denominado "A narrativa de Alice".

Hoje, professora de Ciência da Computação na Universidade de Washington, em Saint Louis, Caitlin (opa, refiro-me à dra. Kelleher!) está desenvolvendo novos sistemas que revolucionam a maneira pela qual as garotas realizam as primeiras experiências em programação. Caitlin demonstrou que quando a experiência é apresentada como atividade narrativa, as meninas passam a desejar muito aprender a elaborar programas de computação. Na verdade, elas passam a adorar. Também vale a pena notar que isso de modo algum afasta os rapazes. Todo mundo adora contar histórias. Essa é uma das verdades universais de nossa espécie. Em minha opinião, Caitlin merece o prêmio de melhor drible de todos os tempos.

Em minha última palestra mencionei que agora entendo melhor a história de Moisés, que viu a Terra Prometida sem jamais ter posto os pés nela. Sinto o mesmo em relação a todos os sucessos futuros do Alice.

Eu queria que minha palestra fosse um apelo a meus colegas e alunos para que prosseguissem sem minha presença e soubessem que confio em suas grandes realizações. (É possível acompanhar seus progressos em www.alice.org.)

Por meio do programa, milhões de crianças se divertirão muito aprendendo algo difícil. Desenvolverão habilidades que poderão ajudá-las a concretizar seus sonhos. Se eu tenho que morrer, conforta-me deixar o Alice como legado profissional.

Por essa razão, não me incomoda saber que jamais porei os pés na Terra Prometida. Ainda assim a visão é maravilhosa.

# V
# COMO VIVER A VIDA

*Esta parte poderia ser intitulada "Como viver a vida", mas na verdade descreve a maneira pela qual eu procurei viver a minha. Acho que é meu jeito de dizer: eis o que funcionou para mim.*

R. P.

# 28. Sonhe alto

**O homem caminhou pela** primeira vez na Lua no verão de 1969, quando eu tinha 8 anos. À época eu sabia que as possibilidades eram mínimas e aquele feito significou para todos os seres humanos, do mundo inteiro, uma permissão para sonhar alto.

Naquele verão eu estava em uma colônia de férias, e depois que o módulo lunar pousou, nos levaram até a sede, na qual havia um aparelho de televisão. Os astronautas demoraram muito se organizando antes de descer a escada e caminhar na superfície lunar. Eu entendi. Eles tinham uma série de equipamentos e muitos detalhes aos quais prestar atenção. Esperei com paciência.

Mas os responsáveis pela colônia olhavam para os relógios. Já passava das 23h. Afinal, tomaram uma decisão tola aqui na Terra, enquanto outras decisões inteligentes eram tomadas na Lua. Ficou tarde demais e as crianças foram mandadas de volta para suas barracas, para dormir.

Fiquei muito irritado com os diretores do acampamento. Meu pensamento era: "A espécie humana saiu de nosso planeta e aterrissou em um novo mundo pela primeira vez, e vocês acham importante a hora de dormir!?"

Quando voltei para casa, porém, algumas semanas depois, vi que meu pai fotografara a televisão no segundo em que Neil Armstrong pôs o pé na Lua. Papai preservou esse momento para mim, sabendo que me ajudaria a despertar grandes sonhos. Nós ainda temos aquela foto em um álbum.

Eu compreendo os argumentos de que os bilhões de dólares gastos para levar os homens à Lua poderiam ter sido usados para combater a pobreza e a fome na Terra. Mas, como cientista,

considero a inspiração o recurso supremo para se fazer o bem.

Empregar dinheiro na luta contra a pobreza pode ser muito válido, mas freqüentemente não se chega à essência. Enviar

A imagem do pouso na Lua em nossa televisão, cortesia de meu pai.

pessoas à Lua inspira todos a atingirem o máximo do potencial humano. E é assim que acabamos resolvendo nossos maiores problemas.

Permita-se sonhar. Alimente os sonhos de seus filhos. E para isso talvez seja preciso deixá-los, de vez em quando, ultrapassar a hora de dormir.

# 29. O sóbrio é melhor do que o modernoso

**Prefiro sempre as pessoas** sóbrias às modernosas porque o modernoso tem vida curta e o sóbrio é duradouro.

A sobriedade tem sido altamente subestimada. Ela vem da essência, ao passo que o modernoso tenta impressionar com base na superfície.

Gente "modernosa" adora paródia. Mas não existem paródias eternas, não é mesmo? Respeito mais as pessoas sóbrias, que realizam algo capaz de durar gerações e que os modernosos sentem *necessidade* de parodiar.

Quando penso em alguém sóbrio, penso em um escoteiro se esforçando para se tornar um líder. Ao entrevistar pessoas para trabalharem comigo, deparei com um candidato que fora líder de escoteiros e quase o contratei. Sabia que ele deveria ser sóbrio e que isso superaria suas aparentes tendências ao modernoso.

Pensem nisto: tornar-se um escoteiro líder é praticamente a única informação que se pode apresentar no currículo aos 50 anos e que já constava dele aos 14, e ainda assim impressionar. (Apesar de meus esforços de sobriedade, jamais consegui chegar a ser um líder.)

A propósito, o comércio mascara a moda apresentando-a como modernosa. Não tenho o menor interesse pela moda e por isso raramente compro roupas novas. Acho total insanidade a moda sair de moda e voltar à moda com base exclusivamente na opinião do que algumas pessoas consideram vendável.

Meus pais me ensinaram que só se compra roupa nova quando as antigas estragam. Quem viu o que eu vesti em minha última palestra sabe que eu sigo esse conselho!

Meu vestuário está longe de ser modernoso. É do tipo sóbrio. E vai me servir muito bem até o fim.

Meu guarda-roupa continua o mesmo.

# 30. Erguendo a bandeira branca

Minha mãe sempre me chama de "Randolph".

Ela foi criada em uma pequena fazenda produtora de leite na Virgínia durante a Depressão, sempre se perguntando se haveria comida suficiente para a refeição. Escolheu "Randolph" por lhe parecer um nome apropriado a um natural de classe alta da Virgínia. E talvez por isso eu rejeitasse e abominasse esse nome. Quem quer um nome assim?

Mamãe, no entanto, insistia. Por volta dos 10 anos eu a enfrentei:

– Acha que seu direito de me dar um nome supera meu direito de ter minha própria identidade?

– Sim, Randolph, acho que sim – retrucou ela.

Bem, pelo menos sabíamos como cada um pensava!

Quando fui para a faculdade, já agüentara o bastante. Ela me enviava a correspondência endereçada para "Randolph Pausch".

Eu rabiscava no envelope: "Pessoa inexistente neste endereço", e devolvia as cartas sem abrir.

Num grande gesto de concessão, mamãe passou a endereçar as cartas para "R. Pausch". Essas eu abria. Porém, quando falávamos ao telefone, ela retornava à velha forma:

– Randolph, você recebeu nossa carta?

Agora, depois de todos estes anos, desisti. Aprecio demais tantos aspectos de minha mãe que se ela estiver por perto e quiser me sobrecarregar com um "olph" desnecessário, aceitarei feliz. A vida é curta demais.

De algum modo, com o passar do tempo e com os prazos que a vida nos impõe, o certo é nos rendermos.

Mamãe e eu na praia.

# 31. Vamos fazer um trato

**Na pós-graduação desenvolvi** o hábito de me inclinar para trás na cadeira da sala de jantar. Fazia isso sempre que visitava a casa de meus pais, e minha mãe constantemente me repreendia: "Randolph, você vai quebrar a cadeira!"

Gosto de me reclinar nas cadeiras. Sinto-me confortável. E as cadeiras parecem agüentar firme em duas pernas. Portanto, refeição após refeição eu me reclinava e ela me repreendia.

Um dia minha mãe disse: "Pare de se reclinar na cadeira. Não vou lhe dizer isso de novo!"

*Aquelas* palavras me obrigaram a tomar uma decisão. Sugeri que fizéssemos um contrato pais/filho, por escrito. Se eu quebrasse a cadeira, teria de substituir não *apenas* aquela, mas também, como penalidade extra, todo o conjunto da sala de jantar. (Substituir apenas uma cadeira de um conjunto de vinte anos de idade seria impossível.) Mas até que eu quebrasse a cadeira mamãe não me faria mais sermões.

Com certeza mamãe estava com a razão: eu sobrecarregava as pernas da cadeira. Porém, nós dois decidimos que esse acordo era um meio de evitar discussões. Eu reconhecia minha responsabilidade se causasse algum dano. E se alguma perna da cadeira quebrasse, ela estaria em condições de dizer: "Você sempre deveria escutar sua mãe."

A cadeira jamais quebrou. E sempre que visito a casa e me reclino, o acordo se mantém. Ela não diz uma só palavra, mas na verdade toda a dinâmica mudou. Eu não diria que minha mãe chega a ponto de me *incentivar* a me reclinar na cadeira. Mas acho que há muito ela sonha com um novo conjunto de cadeiras para a sala de jantar.

## 32. Não reclame, apenas se esforce

**Muita gente passa a vida** lamentando seus problemas. Sempre acreditei que quando se aplica um décimo da energia das reclamações na tentativa de resolver o problema, tem-se a surpresa em constatar que tudo pode dar certo.

Em minha vida conheci pessoas maravilhosas e que não reclamam. Uma foi Sandy Blatt, meu senhorio quando eu fazia a pós-graduação. Quando jovem, Sandy fora atingido por um caminhão enquanto descarregava caixas para o porão de um prédio e rolou os degraus até o porão.

– Qual foi a altura da queda? – perguntei.

A resposta dele foi simples:

– Altura suficiente. – Ele passou o resto da vida tetraplégico.

Sandy fora um atleta fenomenal e, à época do acidente, estava noivo e ia se casar. Não quis ser um fardo para a noiva e, portanto, disse-lhe: "Você não se comprometeu com isto. Se você quiser desistir, eu compreenderei. Pode ir em paz." E ela foi.

Conheci Sandy quando ele estava na casa dos 30 e sua atitude me impressionou. Tinha a aura da pessoa não-lamurienta. Esforçara-se muito e se tornara conselheiro matrimonial autorizado. Casara e adotara filhos. E quando falava em seus problemas de saúde, era realista. Certa vez me explicou que as mudanças de temperatura são difíceis para os tetraplégicos porque eles não conseguem tremer. "Por favor, Randy, me passe o cobertor." E foi só.

Entre as pessoas que não reclamam, meu favorito de todos os tempos talvez seja Jackie Robinson, o primeiro afro-americano a jogar na Liga Nacional de Beisebol. Ele suportou o racismo que muitos jovens de hoje sequer compreendem. Sabia que precisava jogar melhor do que os brancos e que precisava se esforçar. E foi o que fez. Prometeu não reclamar, mesmo se a torcida cuspisse nele.



Eu costumava ter uma foto de Jackie Robinson pendurada em meu escritório e me entristecia ver que tantos alunos não conseguiam identificá-lo ou sabiam pouco a seu respeito. Muitos jamais notaram a foto. Jovens criados com a televisão colorida não perdem tempo olhando imagens em preto-e-branco.

Isso é muito ruim. Não há melhores modelos do que pessoas como Jackie Robinson e Sandy Blatt. Suas histórias transmitem a mensagem de que reclamar não funciona como estratégia. Todos nós temos tempo e energia finitos. É improvável que o tempo que passamos nos lamentando nos ajude a alcançar nossos objetivos. E tampouco nos fará mais felizes.

## 33. Trate a doença, não o sintoma

**Há alguns anos namorei** uma jovem adorável que tinha uma dívida de vários milhares de dólares. Ela vivia totalmente estressada com isso. A cada mês eram acrescidos novos juros à dívida.

Para lidar com o estresse ela ia todas as terças-feiras à noite para uma aula de meditação e ioga. Era sua única noite livre e ela achava que essa aula a ajudava. Inspirava imaginando que estava descobrindo meios de lidar com a dívida. Expirava dizendo para si mesma que um dia seus problemas financeiros ficariam para trás.

E tudo continuava igual, terça-feira após terça-feira.

Certo dia, finalmente, examinamos juntos suas finanças. Percebi que se ela passasse quatro ou cinco meses trabalhando em tempo parcial às terças-feiras à noite, conseguiria pagar todo o dinheiro que devia.

Disse-lhe que não tinha nada contra ioga ou meditação. Mas que achava melhor tratar primeiro a doença. Os sintomas eram estresse e ansiedade. A doença, a dívida.

– Por que você não arranja um trabalho na terça à noite e deixa a ioga por uns tempos?

Para ela essa frase funcionou como uma revelação. Aceitou meu conselho. Trabalhou como garçonete, nas terças à noite, e em breve quitou a dívida. Depois pôde voltar à ioga e realmente respirar com mais facilidade.

## 34. Não se incomode com a opinião dos outros

**Descobri que muitas pessoas** passam grande parte de seu dia preocupadas com a opinião dos outros a seu respeito. Se ninguém se preocupasse com o que se passa na cabeça dos outros, todos nós seríamos 33% mais eficientes na vida e no trabalho.

Como cheguei a esses 33%? Sou cientista. Gosto de números exatos, mesmo que às vezes não consiga prová-los. Mas consideremos os 33%.

Eu costumava dizer a todos que trabalhavam em meu grupo de pesquisa: "Vocês não precisam se preocupar com o que eu penso. Bom ou ruim, eu os informarei do que se passa na minha cabeça."

Assim, se algo me desagradava eu protestava, muitas vezes diretamente e nem sempre com muito tato. Porém, havia um lado positivo, pois eu era capaz de tranqüilizá-los dizendo: "Se eu não disser nada, não precisam se preocupar."

Alunos e colegas passaram a apreciar esse meu jeito e não desperdiçavam tempo se atormentando com a idéia "O que Randy estará pensando?". Porque, na maioria das vezes, o que eu estava pensando era que os membros de minha equipe eram 33% mais eficientes do que todos os outros. Era isso que se passava em minha cabeça.

# 35. Comecem com uma reunião

**Quando preciso trabalhar** com outras pessoas, tento nos imaginar reunidos diante de um baralho. Meu impulso é pôr sempre todas as minhas cartas na mesa, viradas para cima, e dizer ao grupo: "Tudo bem, vamos ver o que podemos fazer coletivamente nesta jogada."

Ser capaz de trabalhar bem em grupo é uma habilidade necessária e vital, no mundo do trabalho e na família. Para ensinar isso, sempre divido meus alunos em equipes para trabalharem em projetos.

Com o passar dos anos, melhorar a dinâmica de grupo tornou-se para mim uma pequena obsessão. No primeiro dia de cada semestre eu dividia minha turma em vários grupos de quatro. Depois, no segundo dia de aula eu lhes dava uma folha na qual escrevera "Dicas para o sucesso no trabalho em grupo". Juntos, analisávamos linha por linha. Alguns alunos achavam minhas dicas medíocres. Reviravam os olhos. Julgavam-se bons jogadores porque haviam aprendido isso desde o jardim-de-infância e, portanto, não precisavam de minhas sugestões elementares.

Os alunos mais autoconscientes, porém, aceitavam os conselhos. Percebiam que eu tentava lhes ensinar os princípios fundamentais. Eu lembrava o treinador Graham, fazendo-nos treinar sem bola. Algumas de minhas dicas:

**Conheçam bem as pessoas.** Isso começa pela apresentação. Troquem informações de como manter contato uns com os outros. Assegurem-se de saber pronunciar o nome de todos.

**Descubram interesses em comum.** Quase sempre é possível achar algo em comum com outras pessoas e, com isso, fica mais fácil lidar com as divergências. O esporte derruba as fronteiras de raça e classe social. E se não houver outra coisa, pelo menos haverá algo em comum: o clima.



**Tentem se reunir em excelentes condições.** Assegurem-se de que ninguém esteja com fome, frio ou cansaço. Se possível, reúnam-se em torno de uma refeição, pois a comida torna as reuniões mais *suaves*. É por isso que em Hollywood há tantos "almoços".

**Deixem todos falarem.** Não cortem frases alheias. E falar mais alto ou mais depressa não melhora idéia alguma.

**Controlem os egos à porta.** Quando discutirem idéias, classifiquem-nas e anotem. A classificação deve descrever a idéia, e não quem a criou: digam "a história da ponte" e nunca "a história de Jane".

**Elogiem-se mutuamente.** Achem algo agradável para dizer, ainda que lhes custe. As piores idéias podem ter algo de positivo, se examinadas com toda atenção.

**Proponham alternativas como se fossem perguntas.** Em vez de dizerem "Acho que devíamos fazer A e não B", tentem dizer "E se fizéssemos A em vez de B?". Isso permite que as pessoas teçam comentários, em vez de defenderem uma escolha.

No fim dessa aula eu dizia aos alunos que arranjara um bom meio para preencher a lista de presença.

– Acho mais fácil fazer a chamada por grupo. Grupo Um, levantem as mãos... Grupo Dois...

À medida que eu chamava cada grupo, as mãos se erguiam.

– Vocês notaram algo? – eu perguntava. Ninguém respondia. Então eu chamava os grupos novamente. – Grupo Um... Grupo Dois... Grupo Três... – Por toda a sala as mãos tornavam a se erguer.



Às vezes é preciso recorrer a atitudes teatrais banais para se atingir os alunos, em especial em assuntos que eles pensam dominar. Eis o que eu fazia.

Continuava com a chamada, até elevar a voz e perguntar:

– Por que ainda estão sentados com os amigos? Por que não se reúnem aos de seu grupo?

Alguns sabiam que minha irritação era para causar efeito, mas todos me levavam a sério.

– Vou sair da sala e voltarei em sessenta segundos. Quando eu chegar espero ver todos reunidos em seus grupos! Compreenderam? – e eu saía calmamente, ouvindo a confusão na sala, os alunos reunindo os pertences e se reorganizando em grupos.

Ao voltar, eu explicava que minhas dicas para o trabalho em grupo não pretendiam insultar-lhes a inteligência ou a maturidade. Eu só queria mostrar que haviam se esquecido de algo simples: da necessidade de se reunirem com os companheiros para assim se beneficiarem revendo os outros princípios básicos.

Na aula seguinte e no restante do semestre meus alunos (não imbecis) sempre se reuniam com seus grupos.

## 36. Procure ver o melhor em todos

**Recebi este belo conselho** de Jon Snoddy, meu herói na Disney Imagineering. Fiquei muito emocionado com sua maneira de dizer: "Se você esperar o suficiente, as pessoas o surpreenderão e impressionarão."

Em seu modo de ver, se as pessoas nos frustram e nos aborrecem é porque, talvez, não lhes tenhamos dado tempo suficiente.

Jon me advertiu de que, às vezes, isso exige muita paciência, talvez anos. "Mas no fim você verá o lado bom das pessoas. Quase todo mundo tem seu lado bom. Basta esperar que ele virá à tona."

# 37. Observe o que fazem, não o que dizem

Minha filha tem 1 ano e meio e, portanto, não posso lhe dizer isto agora; mas quando for mais velha, quero que Chloe saiba algo que uma colega me ensinou certa vez, um bom conselho para as garotas de qualquer lugar. Na verdade, pensando bem, é o melhor conselho que já recebi.

Ela me contou:

– Custei muito, mas afinal entendi. Se uma mulher quiser conhecer um pretendente, é simples. É só ignorar tudo o que eles dizem e prestar atenção ao que fazem.

Só isso. Portanto, aqui vai esse conselho para Chloe.

E, pensando bem, concluo que algum dia também poderá ser bastante útil para Dylan e para Logan.

# 38. Se a princípio você não conseguir...

## ...tente um clichê.

Adoro clichês. Muitos. Tenho grande respeito pelas velhas sabedorias. Em minha opinião, os clichês são tão repetidos porque, com freqüência, vão direto ao ponto.

Os educadores não deveriam temer os clichês. Sabem por quê? Porque as crianças desconhecem a maioria deles! Elas são um novo público, e se inspiram nos clichês. Em minhas aulas já vi isso muitas e muitas vezes.

**Dance com quem convidou.** Meus pais sempre me ensinavam esse clichê, que se aplica além dos bailes de formatura. Deveria ser um mantra no mundo dos negócios, no ambiente acadêmico e em casa. Trata-se de um lembrete sobre lealdade e reconhecimento.

**A sorte aparece quando o preparo se une à oportunidade.** Isso vem de Sêneca, filósofo romano nascido em 5 a.C. Vale a pena repetir, pelo menos pelos próximos dois mil anos.

**Quer você ache que pode ou que não pode, estará sempre certo.** Esse é de meu repertório de clichês para novos alunos.

**Além disso, sra. Lincoln, que achou da peça?** Digo essa frase para os alunos como lembrete para não se concentrarem em futilidades, ignorando os assuntos mais importantes.

Também adoro uma série de clichês da cultura popular. Não me incomodo que meus filhos assistam a *Super-homem*, não por ele ser forte e poder voar, mas por sua luta em busca de "verdade, justiça e o jeito americano". *Amo* essa fala.

Adoro o filme *Rocky*, incluindo o tema musical. E o que mais aprecio no primeiro *Rocky* é o herói não se importar de ganhar a luta no fim do filme. Ele só não queria ser nocauteado. Esse era seu objetivo. Durante as fases mais dolorosas de meu tratamento, Rocky me serviu de inspiração porque me lembrava de que o importante não é bater, mas sim apanhar e continuar lutando.



É claro que, de todos os clichês do mundo, meus prediletos são os do futebol. Meus colegas costumavam me ver perambulando pelos corredores da Carnegie Mellon, lançando à frente uma bola de futebol americano. Ela me ajudava a pensar. Eles provavelmente diriam que eu achava que as metáforas desse esporte produziam o mesmo efeito. Porém, alguns de meus alunos tinham dificuldade em se adaptar. Preferiam discutir algoritmos de computador, enquanto eu ficava falando de futebol americano. E eu lhes dizia: "Lamento, mas é mais fácil vocês aprenderem os fundamentos do futebol do que eu aprender uma nova série de clichês."

Queria vê-los lutando como Gipper[8] lutava nos jogos, mantendo viva a energia, avançando pelo campo, evitando manobras prejudiciais e ganhando o jogo nas trincheiras, ainda que viessem a sentir dor na segunda-feira. Meus alunos sabiam: não se trata apenas de ganhar ou perder, e sim de como se compete.



[8] Apelido de George Gipp, famoso jogador de futebol americano. (N. dos T.)

# 39. Seja o primeiro pingüim

**Adquire-se experiência quando** não se consegue o que se queria.

Aprendi essa frase quando passei um período sabático na Electronic Arts, produtora de videogames. Fixou-se tanto em minha mente que acabei repetindo-a muitas e muitas vezes para os alunos.

Ela deve ser lembrada diante de todos os obstáculos e decepções com que deparamos. Também representa um lembrete de que o fracasso não é apenas aceitável, como freqüentemente essencial.

Quando ministrava o curso "A construção de mundos virtuais", incentivava os alunos a tentarem coisas difíceis, sem se preocuparem com o fracasso. Eu queria premiar essa maneira de pensar. Portanto, ao fim de cada semestre presenteava uma equipe de alunos com um bicho de pelúcia – um pingüim. O "Primeiro Prêmio Pingüim" ia para a equipe que apostasse mais alto tentando novas idéias ou novas tecnologias, ainda que tivesse falhado em alcançar os objetivos. Na essência, era um prêmio para o "fracasso glorioso" e comemorava as idéias inovadoras e a ousadia da imaginação.

Os outros alunos acabavam entendendo que os vencedores do "Primeiro Pingüim" eram perdedores que, com certeza, venceriam no futuro.

O título do prêmio se originou da idéia de que, quando os pingüins estão prestes a pular na água que talvez contenha predadores, um deles tem de ser o primeiro. Originalmente, intitulei-o de "Prêmio para o Melhor Fracasso", mas os alunos não conseguiam se livrar das conotações negativas dessa palavra.



Com o passar dos anos, também decidi contar aos alunos que, na indústria do entretenimento, há inúmeros produtos fracassados. Não é como na construção civil, em que todas as casas construídas podem ser habitadas. Pode-se criar um videogame sem qualquer pesquisa prévia. Ou ele ser lançado e ninguém querer jogá-lo. Sim, é claro que os criadores de videogames bem-sucedidos são muito valorizados. Mas os que fracassaram também... e às vezes até mais.

Em geral, as empresas iniciantes preferem contratar para a chefia um executivo que tenha passado por um fracasso inicial na carreira. Quem fracassou normalmente sabe evitar fracassos futuros. Quem conhece apenas o sucesso talvez seja mais vulnerável às armadilhas.

Adquire-se experiência quando não se consegue o que se queria. E, muitas vezes, a experiência é o melhor que temos a oferecer.

# 40. Atraia a atenção das pessoas

Alguns de meus alunos eram extremamente inteligentes. Eu sabia que entrariam no mundo profissional e criariam novos e fantásticos programas de computação, projetos de animação e recursos de entretenimento. Mas eu também sabia que eles tinham potencial para frustrar milhões de pessoas no decorrer do processo.

Nós, engenheiros e cientistas da computação, nem sempre pensamos em construir coisas fáceis de usar. Muitos somos terríveis quando explicamos tarefas complexas de modo simples. Já leram algum manual de instruções de um videocassete? Então já viveram a frustração a que me refiro.

Por isso sempre quis enfatizar a meus alunos a importância de pensarem nos usuários finais de suas criações. Como eu poderia tornar clara para eles a necessidade de não criarem uma tecnologia frustrante? Arranjei um meio sensacional de lhes prender a atenção.

Quando ministrava a disciplina sobre "interface do usuário" na Universidade da Virgínia, no primeiro dia de aula eu levava um aparelho de videocassete funcionando. Colocava o aparelho sobre uma mesa, na frente da sala, pegava uma marreta e o destruía.

Em seguida, dizia: "Quando se constrói algo difícil de usar, as pessoas se aborrecem. Ficam tão irritadas que querem destruí-lo. Nós não queremos criar objetos que as pessoas queiram destruir."

Os alunos me olhavam e eu percebia que estavam chocados, atônitos e um tanto entretidos. Para eles aquilo era surpreendente, e pensavam: "Não sei quem é esse sujeito, mas com certeza virei à aula dele amanhã para ver qual será sua próxima façanha."



Eu conseguira captar-lhes a atenção, primeiro passo para se resolver um problema. (Quando saí da Universidade da Virgínia para a Carnegie Mellon, Gabe Robins, amigo e também professor, me deu uma marreta com uma plaquinha na qual se lia: "Tantos videocassetes em tão pouco tempo.")

Todos os meus alunos da Universidade da Virgínia estão no mercado de trabalho. À medida que criam novas tecnologias, espero que, de vez em quando, a marreta lhes venha à mente para lembrá-los das multidões frustradas que anseiam por simplicidade.

# 41. A arte esquecida dos bilhetes de agradecimento

Demonstrar gratidão é uma das atitudes mais simples e poderosas que os seres humanos são capazes de expressar uns pelos outros. Apesar de minha paixão pela eficiência, acho que os bilhetes de agradecimento ficam melhores à moda antiga, com caneta e papel.

Profissionais que realizam entrevistas de empregos e funcionários de departamentos de recursos humanos recebem muitos candidatos. Lêem toneladas de currículos de alunos "A", cheios de realizações. Mas raramente recebem bilhetes manuscritos de agradecimento.

Se você for um aluno "B+", seu bilhete manuscrito o fará galgar pelo menos meio ponto aos olhos de um futuro chefe ou de um funcionário do departamento de admissão. Para eles, você se tornará "A". E como os bilhetes manuscritos se tornaram muito raros, eles se lembrarão de você.

Quando eu dava esse conselho a meus alunos, não tinha a intenção de torná-los calculistas e maquinadores, mas sei que alguns entenderam assim. Meu conselho pretendia ajudá-los a reconhecer que na vida suas atitudes de respeito e consideração dariam bons resultados perante quem as recebe. Por exemplo, uma jovem se candidatou ao Centro de Tecnologia do Entretenimento e estávamos prestes a rejeitá-la. Ela sonhava alto: queria trabalhar na Disney Imagineering. Suas notas, suas provas e seu currículo eram bastante bons, mas não o suficiente, pois o Centro precisava ser muito seletivo. Antes de colocarmos seu currículo na pilha dos "rejeitados", decidi folheá-lo mais uma vez. Ao fazer isso, achei um bilhete de agradecimento escrito à mão, que ficara entre as páginas.



O bilhete não era para mim nem para o outro diretor, Don Marinelli, nem para qualquer membro da faculdade. Ao contrário, ela o enviara a um membro da equipe de apoio externo da faculdade que a ajudara com as providências quando ela viera para a entrevista. Aquele membro da equipe não teria influência alguma em sua seleção, portanto o bilhete não era interesseiro. Apenas algumas palavras de agradecimento para um desconhecido que, por acaso, colocara o bilhete recebido no meio do dossiê de inscrição. Semanas depois, eu o encontrei.

Quando constatei que ela agradecia a alguém só por delicadeza, parei para pensar a respeito. Ela escrevera de próprio punho. Eu apreciei, e disse a Don:

– Isto me diz mais do que qualquer outro documento deste dossiê. – Reli o material. Pensei na jovem. Impressionado com o bilhete, decidi que ela merecia uma chance, e Don concordou.

Ela veio para o CTE, concluiu o mestrado e hoje trabalha na Disney Imagineering.

Eu lhe contei essa história e agora ela a repete.

Apesar de tudo o que está se passando em minha vida e com meu tratamento médico, ainda tento escrever bilhetes, quando importante. É a maior gentileza que podemos expressar. E nunca se sabe a magia que podem produzir ao chegarem à caixa de correio do destinatário.

# 42. Lealdade é via de mão dupla

Quando Dennis Cosgrove foi meu aluno na Universidade da Virgínia, no início da década de 1990, eu o achei impressionante. Fez um excelente trabalho em meu laboratório de computação. Foi monitor no curso de operação de sistemas. Cursava disciplinas de pós-graduação e era um aluno nível "A".

Bem, "A" na maioria das disciplinas. Mas em Cálculo III era um aluno "F". Não que lhe faltasse capacidade, mas, como estava tão concentrado nos cursos de computação, em ser monitor e pesquisador de meu laboratório, simplesmente faltou às aulas de Cálculo.

Essa atitude acabou sendo um problema sério, pois mais de uma vez no semestre ele obteve vários conceitos "A" e um "F".

Duas semanas antes do início do novo semestre, os altos e baixos do boletim acadêmico de Dennis chamaram a atenção de determinado pró-reitor. Ele sabia que Dennis era inteligente, vira suas notas no SAT e no AP.[9] Em sua opinião, os conceitos "F" se deviam à atitude de Dennis, e não à sua capacidade. Quis expulsá-lo. Porém, eu sabia que Dennis jamais recebera uma única advertência a esse respeito. Na verdade, todos os seus conceitos "A" compensavam os "F", e academicamente ele nem poderia ser suspenso. Contudo, o pró-reitor invocou uma norma obscura que admitia a expulsão. Decidi batalhar por meu aluno e disse ao pró-reitor:

– Dennis é como um foguete poderoso e sem trajetória. Tem sido uma estrela em meu laboratório. Se o expulsarmos neste momento, deturparemos todo o sentido de nossa missão. Estamos aqui para ensinar, para educar. Sei que Dennis ainda será alguém especial. Não podemos perdê-lo.



O pró-reitor não ficou satisfeito comigo. Em sua opinião, eu era um professor jovem que estava se tornando insistente.

Então fui ainda mais insistente. Apelei para a tática. O novo semestre já se iniciara. A universidade já recebera o pagamento de Dennis. Em minha opinião, com isso estávamos dizendo que ele era bem-vindo como aluno. Se o tivéssemos expulsado antes do início do semestre, ele poderia ter tentado se matricular em outra faculdade. Agora era tarde demais.

Perguntei ao pró-reitor:

– E se ele contratar um advogado para questionar essa atitude? Serei obrigado a testemunhar a favor dele. O senhor quer

---

[9] SAT (Scholastic Aptitude Test): teste de admissão das universidades americanas, semelhante ao vestibular. AP (Advanced Placement), programa que oferece cursos de nível universitário nas escolas de ensino médio americanas. (N. dos T.)

ver um membro do corpo docente testemunhando contra a universidade?

O pró-reitor se mostrou surpreso:

– Você é novo no corpo docente. Ainda não tem estabilidade. Por que se arrisca tomando a si a responsabilidade nesta batalha?

– Eu lhe explico o motivo. Quero me responsabilizar por Dennis porque acredito nele – respondi.

O pró-reitor me fitou longamente e disse:

– Vou me lembrar disso quando chegar a hora de sua contratação definitiva. – Em outras palavras: se Dennis falhasse de novo, minha avaliação seria seriamente questionada.

– Trato feito – disse ao pró-reitor. E Dennis pôde continuar na faculdade.

Ele passou em Cálculo III, deixou-nos orgulhosos e, depois de se formar, continuou a carreira tornando-se estrela premiada na Ciência da Computação. Desde então ele faz parte de minha vida e de meus laboratórios. Na verdade, foi um dos pioneiros do projeto Alice. Como designer, com seu inovador trabalho de programação, ajudou a tornar o sistema de realidade virtual mais acessível aos jovens.

Batalhei por Dennis quando ele tinha 21 anos. Agora, aos 37, ele vai batalhar por mim. Eu o encarreguei de cuidar do futuro do Alice, como cientista pesquisador, planejando e implementando meu legado profissional.

Tornei possível o sonho de Dennis quando ele precisou... e agora que preciso, ele está possibilitando o meu.

# 43. A solução da sexta-feira à noite

**Consegui estabilidade um ano** antes do prazo costumeiro, o que pareceu impressionar outros professores novos na equipe da universidade.

– Fantástico, você conseguiu estabilidade antes do prazo! – costumavam me dizer. – Qual foi o segredo?

Eu respondia:

– É muito simples. Telefonem qualquer sexta-feira às dez da noite para meu escritório e eu lhes atenderei. – (Naturalmente, isso foi antes de eu ter uma família.)

Muitas pessoas buscam um atalho. Eu acredito que o melhor atalho é o caminho longo, basicamente constituído de duas palavras: muito trabalho.

Em minha opinião, quando se trabalha mais horas do que os outros, nessas horas aprende-se melhor o próprio ofício. Isso pode nos tornar mais eficientes, mais capazes e até mesmo mais felizes. Muito trabalho equivale aos juros compostos dos bancos: a remuneração é mais rápida.

O mesmo vale para a vida fora do trabalho. Durante toda a minha vida adulta eu sempre me senti tentado a perguntar aos casais que já estavam casados há muito tempo como conseguiam continuar juntos. Todos me responderam: "Muito trabalho."

# 44. Demonstre gratidão

**Pouco depois de adquirir** estabilidade na Universidade da Virgínia, levei toda a minha equipe de pesquisa, constituída de 15 pessoas, para passar uma semana na Disney, como forma de agradecimento.

Um de meus colegas professores me chamou e perguntou:

– Randy, por que você fez isso? – Talvez ele achou que eu estava criando um precedente que outros professores não desejariam repetir quando conseguissem estabilidade.

– Por que eu fiz isso? – indaguei. – Estas pessoas se esforçaram ao máximo e me conseguiram o melhor emprego definitivo do mundo. Por que eu *não* faria isso?

Assim, nós todos partimos para a Flórida em uma grande caminhonete. Divertimo-nos muito e me assegurei de que, juntamente com a diversão, também pudéssemos incrementar nossos estudos. Ao longo do caminho paramos em várias universidades e visitamos grupos de pesquisa em computação.

A viagem à Disney propiciou gratidão facilmente demonstrável. Foi um presente tangível e perfeito porque representou uma experiência que pude compartilhar com pessoas importantes para mim.

Não é tão fácil, contudo, agradecer a todos.

Um de meus maiores mentores foi Andy van Dam, meu professor de Ciência da Computação na Brown University. Andy deu-me sábios conselhos. Mudou minha vida. Eu nunca pude retribuir adequadamente, portanto terei de retribuir no futuro.

Gosto muito de dizer a meus alunos: "Saiam pelo mundo fazendo pelos outros o que alguém fez por vocês."

Foi exatamente o que tentei realizar quando levei meus alunos à Disney e conversei com eles sobre seus sonhos e objetivos.

## 45. Mande chocolates mentolados

**Como parte de minhas responsabilidades**, costumava ser revisor acadêmico. Isso significava ter de pedir a outros professores para lerem e revisarem trabalhos de pesquisa extremamente densos. A tarefa podia ser tediosa e induzir ao sono. Então tive uma idéia: enviar uma caixa de Girl Scout Thin Mints,[10] com um bilhete: "Obrigado pela colaboração. A caixinha de chocolates é sua recompensa. Mas não coma tudo antes de rever o trabalho."

Isso provocava um sorriso no rosto das pessoas e eu nunca precisei telefonar para importuná-las. Deixavam a caixa de chocolates em cima da mesa. E sabiam o que fazer.

É claro que às vezes precisei enviar um e-mail como lembrete. Mas para pressionar alguém, eu usava apenas uma frase: "Você já devorou todos os seus chocolates mentolados?"

---

[10] Chocolates mentolados produzidos pelas escoteiras. (N. dos T.)

Descobri que os chocolates mentolados são uma excelente ferramenta de comunicação. Também representam uma doce recompensa por um trabalho bem feito.

# 46. Só se pode contar com o que se tem

Sempre senti necessidade de me preparar para todas as situações com que me deparasse. Quando saio de casa, o que preciso levar? Quando dou uma aula, que perguntas devo prever? Quando estou preparando o futuro de minha família sem minha presença, que documentos devo ter à mão?

Minha mãe se lembra de ter me levado a um supermercado quando eu tinha 7 anos. Ao chegarmos ao caixa, ela constatou que esquecera alguns artigos da lista de compras. Deixou-me com o carrinho e correu para pegar o que faltava.

– Voltarei logo – disse.

Nos poucos minutos em que ela se afastou, eu descarreguei todos os produtos na esteira e tudo foi somado. Fiquei olhando para a caixa, que por sua vez olhava para mim. Então a caixa resolveu levar a situação na esportiva:

– Você tem dinheiro para mim, meu filho? Eu preciso receber – disse.

Não percebi que ela estava tentando se divertir. Fiquei ali, mortificado e constrangido.

Quando minha mãe voltou, eu estava zangado.

– Você me deixou aqui sem dinheiro! Esta senhora me pediu para pagar e eu não tinha!

Agora que sou adulto, nunca me encontrarão com menos de duzentos dólares na carteira. Caso precise, quero estar preparado. É claro que posso perder a carteira, ou ser roubado. Mas para uma pessoa que ganha razoavelmente bem, duzentos dólares é uma quantia que vale arriscar. Ao contrário, não ter dinheiro algum quando se necessita pode ser um problema muito maior.

Sempre admirei pessoas extremamente precavidas. Na faculdade eu tinha um colega chamado Norman Meyrowitz. Um dia, ele fazia uma apresentação com um retroprojetor e, no meio da palestra, a lâmpada queimou. Na platéia ouviu-se um sussurro. Precisaríamos esperar dez minutos até que alguém arranjasse um novo projetor.



– Tudo bem. Não precisam se preocupar – anunciou Norman.

Nós o observamos se encaminhar para a mochila e tirar algo. Trouxera uma lâmpada extra para o projetor. Quem pensaria nisso?

Por acaso nosso professor Andy van Dam estava sentado a meu lado. Inclinou-se para mim e disse: "Esse rapaz vai longe." E tinha razão. Norman se tornou um dos principais executivos da Macromedia Inc. e seus esforços têm atingido quase todos os que atualmente usam a internet.

Outra maneira de estar preparado é pensar negativamente.

Sim, sou um grande otimista. Porém, quando tento tomar uma decisão, muitas vezes penso no pior cenário, que chamo de "ser devorado pelos lobos". Se eu fizer algo, o que de mais terrível poderia acontecer? Eu seria devorado pelos lobos?

Algo que possibilita o otimismo é ter um plano de contingência para quando der tudo errado. Há várias coisas com que não me preocupo porque tenho um plano, caso aconteçam.

Disse muitas vezes aos alunos: "Se vocês forem a algum lugar ermo, só podem contar com o que levarem consigo." E lugares ermos existem por toda parte, exceto em sua casa e em seu trabalho. Portanto, leve dinheiro, carregue seu kit de consertos. Imagine os lobos. Carregue uma lâmpada. Esteja preparado.

## 47. Uma desculpa ruim é pior do que nenhuma

**Desculpar não significa** aprovar ou reprovar. Eu sempre disse a meus alunos que quando apresentassem uma desculpa, qualquer desempenho inferior ao conceito "A" não serviria.

Em geral, desculpas tímidas ou insinceras são piores do que a ausência de desculpas, porque quem as recebe se considera ofendido. Se você fez algo errado ao lidar com alguém, é como se tivesse causado uma infecção ao relacionamento. Uma boa desculpa funcionará como antibiótico, ao passo que uma desculpa ruim será o mesmo que esfregar sal na ferida.

Em minhas aulas, o trabalho em grupo era fundamental e os atritos entre os alunos, inevitáveis. Alguns estudantes não conseguiam fazer algo que valesse a pena. Outros eram tão cheios de si que subestimavam os colegas. Lá pela metade do semestre, desculpas eram *sempre* rotineiras. Se os alunos não se desculpassem, tudo ficava fora de controle. Portanto, eu freqüentemente dava aulas sobre minha pequena rotina a respeito delas.

Começava descrevendo duas clássicas desculpas ruins:

1. "Sinto muito se você se ofendeu com o que fiz." (Trata-se de uma tentativa de aplicar um bálsamo emocional, mas é óbvio que você não quer remediar a ferida.)
2. "Peço desculpas pelo que fiz, mas você também precisa se desculpar pelo que fez." (Você não está pedindo desculpas, e sim sugerindo que a outra pessoa lhe peça.)

Desculpas adequadas possuem três partes:

1. O que fiz foi errado.
2. Sinto muito tê-lo ofendido.
3. Como posso melhorar a situação?



É verdade que algumas pessoas se aproveitarão de você ao responderem à pergunta número três. Porém, a maioria apreciará sinceramente seus esforços para se corrigir. Poderão lhe dizer como conseguir isso de modo simples e fácil. E, muitas vezes, também se esforçarão para melhorar.

Alguns alunos me perguntavam:

– E se eu pedir desculpas e a outra pessoa não?

Eu lhes respondia:

– Não se preocupem com algo que não podem controlar.

Se outras pessoas lhe devem desculpas e suas próprias palavras de desculpas a elas forem sinceras e adequadas, talvez elas deixem de falar com você por algum tempo. Afinal, qual é a probabilidade de as pessoas chegarem ao estado emocional certo para se desculparem simultaneamente? Portanto, seja paciente. Muitas vezes em minha carreira vi jovens pedirem desculpas e depois de vários dias os colegas aceitarem. A paciência será apreciada e recompensada.

## 48. Diga a verdade

**Se eu pudesse apresentar** três palavras de conselho, seriam: "Diga a verdade." Se tivesse mais três palavras, acrescentaria: "O tempo todo." Meus pais me ensinaram que "você vale por sua palavra", e não há melhor meio de se dizer isso.

A honestidade não é apenas moralmente correta, também é eficaz. Em uma cultura em que todos dizem a verdade, poupa-se muito tempo de duplas verificações. Quando lecionava na Universidade da Virgínia, *adorava* o código de honra. Se um aluno adoecia e precisava faltar à prova, eu não tinha de elaborar outra. O aluno simplesmente "jurava" não ter conversado com ninguém sobre a prova e eu lhe aplicava a mesma feita pela turma.

As pessoas mentem por várias razões, muitas vezes numa tentativa de obter o que querem com menos esforço. Porém, em geral, as estratégias de curto prazo são ineficazes a longo prazo. Mais adiante você se defrontará com as pessoas e elas se lembrarão de que você mentiu para elas. E contarão isso a outras pessoas. É o que me espanta a respeito da mentira. Muitas pessoas que mentiram acham que se livraram da mentira... quando na verdade não conseguiram.

## 49. Recorra à caixa de lápis de cera

Às vezes quem me conhece reclama que vejo as coisas em preto-e-branco.

Na verdade, um de meus colegas costumava dizer: "Se quiserem conselhos em preto-e-branco, procurem o Randy. Mas se quiserem conselhos cinzentos, ele não serve."

Tudo bem. Reconheço que sou assim mesmo, sobretudo quando era mais jovem. Eu costumava dizer que minha caixa de lápis de cera só tinha duas cores: preto e branco. Imagino que por isso eu ame a Ciência da Computação, na qual quase tudo é verdadeiro ou falso.

À medida que fui ficando mais velho, no entanto, aprendi a apreciar que uma boa caixa de lápis de cera precisaria ter mais de duas cores. Mas ainda acho que se a pessoa conduzir corretamente a própria vida, consumirá o branco e o preto antes das outras cores.

Em todo caso, independentemente da cor, adoro lápis de cera.

Em minha palestra de despedida levei várias centenas deles. Queria que todos ganhassem um ao entrarem no auditório, mas na confusão me esqueci de arranjar alguém para distribuí-los à entrada. Que pena! Meu plano era o seguinte: ao falar dos sonhos de infância, eu pediria a todos que fechassem os olhos e esfregassem os lápis com os dedos para sentirem a textura, o papel, a cera. Depois eu pediria que aproximassem os lápis do nariz e os aspirassem longa e profundamente. Sentir o cheiro do lápis de cera nos leva de volta à infância, não é mesmo?

Certa vez, vi um colega fazer algo semelhante com um grupo de pessoas, e isso me inspirou. Na verdade, desde então carrego um lápis de cera no bolso da camisa. Quando preciso voltar no tempo, aproximo-o do nariz e inspiro.



Sou fiel aos lápis pretos e brancos, mas foi uma decisão pessoal. Todas as cores têm o mesmo potencial. Inspire-as e verá.

# 50. O galheteiro de cem mil dólares

**Quando eu tinha 12 anos** e minha irmã, 14, nossa família foi à Disney, em Orlando. Nossos pais acharam que já éramos suficientemente maduros para passear um pouco pelo parque sem sermos monitorados. Naquele tempo, anterior ao celular, mamãe e papai nos disseram para sermos cautelosos, marcaram um lugar para nos encontrarmos em uma hora e meia e nos mandaram passear.

Pensem na emoção! Estávamos no lugar mais sensacional que se poderia imaginar, e com liberdade para explorá-lo sozinhos. Também sentíamo-nos profundamente gratos a nossos pais por nos terem levado até ali e reconhecerem nossa maturidade para andarmos sós. Assim, decidimos agradecer-lhes juntando nossas mesadas para comprar-lhes um presente.

Fomos a uma loja e descobrimos um presente perfeito: um galheteiro de cerâmica com dois ursos pendurados em uma árvore, cada qual segurando um recipiente – saleiro e pimenteiro.

Pagamos dez dólares pelo presente, saímos da loja e rumamos pela Main Street em busca de novas atrações.

Eu segurava o presente, que, num instante horrível, escorregou-me das mãos e quebrou com o impacto. Minha irmã e eu começamos a chorar.

Uma senhora que visitava o parque viu o que aconteceu e se aproximou de nós.

– Levem de volta à loja – sugeriu. – Tenho certeza de que lhes darão um novo.

– Não posso fazer isso. A culpa foi minha. Eu o deixei cair. Por que a loja nos daria outro? – falei.

– Tentem. Nunca se sabe... – insistiu a senhora.

Então voltamos à loja... e não mentimos. Explicamos o que aconteceu. Os vendedores ouviram nossa história triste, sorriram... e nos disseram que trocariam por outro galheteiro. Chegaram a se declarar culpados por não terem embalado bem o objeto. A mensagem deles era: "Nosso empacotamento deveria resistir a uma queda causada pelo excesso de animação de um garoto de 12 anos."

Fiquei em estado de choque, não apenas de gratidão mas de incredulidade. Minha irmã e eu saímos da loja totalmente atônitos.

Quando meus pais souberam do incidente, passaram a apreciar mais ainda a Disney. Na verdade, aquela decisão do serviço de atendimento aos clientes a respeito do galheteiro de dez dólares acabaria fazendo a Disney ganhar mais de cem mil dólares.

Eu explico.

Anos mais tarde, como consultor da Disney Imagineering, eu às vezes conversava com executivos importantes da cadeia de comando da Disney e, sempre que possível, contava-lhes a história do galheteiro.

Explicava-lhes que as pessoas daquela loja de *souvenir* haviam feito minha irmã e eu admirarmos ainda mais a Disney, e em outro nível levaram nossos pais a também apreciarem a instituição.

Meus pais visitavam a Disney como parte do trabalho voluntário que realizavam. Eles possuíam um microônibus de 22 lugares, que usavam para levar alunos, da disciplina de inglês como segunda língua, de Maryland até o parque. Durante mais de vinte anos meu pai comprou bilhetes de entrada para dezenas de crianças. Eu participei da maioria dessas viagens.



Em suma, desde aquele dia, minha família gastou mais de cem mil dólares na Disney em bilhetes, comida e lembranças para nós e para os outros.

Quando conto essa história para os executivos da Disney de hoje, sempre termino perguntando: "E se hoje eu mandar uma criança a uma das lojas com um galheteiro quebrado, a política permite que os funcionários sejam bondosos a ponto de substituí-lo?"

Os executivos mostram-se constrangidos com a pergunta. Sabem a resposta: provavelmente não.

Isso acontece porque pelo atual sistema de contabilidade eles são incapazes de avaliar que um galheteiro de dez dólares talvez renda cem mil. Portanto, é fácil prever que uma criança de hoje não teria a mesma sorte e sairia da loja de mãos vazias.

Minha mensagem é a seguinte: há mais de um meio de se avaliar os lucros e as perdas. As instituições podem e devem ser generosas em todos os níveis.

Minha mãe ainda guarda aquele galheteiro de cem mil dólares. O dia em que os funcionários da Disney o substituíram foi excelente para nós... e não tão ruim para a Disney!

# 51. Não existe trabalho inferior

**Tem-se constatado uma** crescente presunção nos jovens de hoje. Na verdade, verifiquei isso junto aos alunos das turmas nas quais leciono.

Muitos universitários acham que deveriam ser contratados por sua criatividade. E muitos se sentem infelizes ante a idéia de iniciarem modestamente.

Aconselho-os sempre: "Dêem-se por felizes se conseguirem um trabalho como separadores de correspondência. E quando conseguirem, tentem se tornar eficientes separadores de correspondência."

Ninguém quer ouvir: "Eu não sou um bom separador de correspondência porque esse emprego é inferior às minhas capacidades." Não se deve achar determinado emprego inferior a si. Se você não souber (ou não quiser) separar correspondência, onde está a prova de que é capaz de fazer algo?

Quando nossos alunos do Centro de Tecnologia do Entretenimento eram contratados por empresas como estagiários, ou lhes era oferecido o primeiro emprego, costumávamos pedir aos empregadores que nos fornecessem uma avaliação do desempenho desses alunos. Os chefes quase nunca tiveram algo negativo para informar quanto a talento e capacidade. Mas quando recebíamos alguma avaliação negativa, era quase sempre dizendo que os novos empregados eram muito pretensiosos. Ou que já estavam de olho nos cargos mais elevados.

Aos 15 anos trabalhei em um pomar plantando morangos, e quase todos os meus colegas de trabalho eram diaristas. Havia também alguns professores, ganhando um dinheiro extra para o verão. Comentei com meu pai que para os professores aquele emprego era inferior. (Creio que eu também queria dizer que achava o trabalho inferior para mim.) Papai me repreendeu pela primeira vez na vida. Disse que ninguém deve julgar inferior um trabalho braçal. Acrescentou que preferia me ver trabalhando pesado e me tornando o melhor lavrador do mundo a me ver bem-sucedido, sentado a uma mesa, porém presunçoso e elitista.

Voltei para meu campo de morangos e continuei não gostando do trabalho. Mas depois das palavras de meu pai, revi minha atitude e tratei de lavrar a terra com mais afinco.

# 52. Saiba se situar

– Muito bem, professor Garoto, de que maneira vai nos ajudar?

Foi essa a saudação com que fui acolhido por Mk Haley, o funcionário de 27 anos incumbido de me orientar no período sabático que passei na Disney Imagineering.

Eu estava chegando a um lugar em que minhas credenciais acadêmicas de nada valiam. Era um viajante em terra estrangeira, procurando entender a moeda local – e rapidamente!

Durante anos comentei essa experiência com meus alunos, porque é uma lição fundamental.

Apesar de estar realizando o sonho de infância de ser um dos criadores da Disney, eu estava passando de cão premiado em meu laboratório de pesquisa acadêmica a patinho feio em um lago inóspito. E precisava descobrir um meio de adaptar meus modos pouco seguros àquela cultura do sucesso ou do fracasso.

Fui trabalhar na atração de realidade virtual baseada no filme *Aladim*, à época em teste no Epcot Center. Juntamente com os criadores, entrevistei visitantes sobre o que acharam da viagem virtual. Ficaram tontos ou desorientados, sentiram náuseas?

Alguns de meus novos companheiros de trabalho reclamavam que eu aplicava valores acadêmicos que não funcionariam no mundo real. Diziam que eu me concentrava demais meditando sobre dados, insistia demais em analisar as coisas de modo científico, em vez de fazê-lo emocionalmente. Era a academia intransigente (eu) contra o entretenimento intransigente (eles). Mas, afinal, depois que descobri um meio de economizar vinte segundos por visitante carregando o passeio no computador de um jeito diferente, ganhei algum crédito entre aqueles criadores que duvidavam de mim.



A razão para contar essa história é enfatizar toda a sensibilidade necessária quando se passa de uma cultura para outra – no caso de meus alunos, da faculdade para o primeiro emprego.

No fim de meu período sabático, os criadores da Disney me ofereceram um emprego em tempo integral. Depois de muita angústia, recusei. O apelo do magistério foi forte demais. Porém, como imaginara um meio de trafegar tanto no mundo acadêmico quanto na indústria do entretenimento, a Disney deu um jeito de me manter envolvido. Tornei-me consultor periódico, trabalho que mantive feliz por dez anos.

Se você souber transitar por duas culturas, talvez obtenha o melhor de ambas.

## 53. Jamais desista

**Quando cursava os últimos** anos do colégio, me candidatei à Brown University e não fui admitido. Fiquei na lista de espera. Telefonei para o departamento de recursos humanos até eles afirmarem que talvez pudessem me aceitar. Perceberam quanto eu desejava isso. A tenacidade me fez superar o obstáculo.

Quando chegou a hora de concluir o curso, jamais pensei em chegar à pós-graduação. Na minha família, as pessoas terminavam o curso e depois arranjavam empregos. Ninguém prosseguia estudando.

Mas Andy van Dam, meu "tio holandês" e mentor na Brown, me aconselhou:

– Faça um doutorado. Torne-se professor.

– Mas por quê? – indaguei.

Ele respondeu:

– Porque você é um bom vendedor, e se você for trabalhar para uma empresa, será usado como vendedor. Se é para ser vendedor, então venda algo válido, como a educação.

Sou eternamente grato por esse conselho.

Andy me aconselhou a me candidatar à Carnegie Mellon, para onde ele enviara uma longa lista de seus melhores alunos.

– Você será aceito sem problemas – disse. E me deu uma carta de recomendação.

Os dirigentes da Carnegie Mellon leram a carta elogiosa de Andy. Viram minhas notas razoáveis e os resultados medíocres de meus exames de graduação. Reviram minha candidatura.

E me recusaram.



Fui aceito em outros programas de doutorado, mas a Carnegie Mellon não me queria. Então fui ao escritório de Andy, coloquei a carta de recusa em sua escrivaninha e disse:

– Quero que você saiba quanto a Carnegie Mellon valoriza suas recomendações.

Segundos depois ele pegou o telefone dizendo:

– Eu resolverei isso. Você será admitido.

Mas eu o interrompi:

– Não quero que você faça assim.

Então fizemos um trato: eu verificaria as escolas que me aceitavam. Se não me sentisse bem em nenhuma, voltaria a contatá-lo para conversarmos.

As outras faculdades acabaram se revelando ruins e eu logo apelei de novo para Andy. Disse-lhe que decidira desistir da pós-graduação e arranjar um emprego.

– Não, de jeito nenhum – retrucou ele. – Você tem de conseguir seu doutorado, e tem de ser na Carnegie Mellon.

Pegou o telefone e ligou para Nico Habermann, chefe do departamento de Ciência da Computação da Carnegie Mellon, que, por acaso, também era holandês. Conversaram sobre mim em holandês durante algum tempo, e então Andy desligou o telefone e me disse:

– Compareça ao escritório dele amanhã às oito horas.

Nico era uma figura, um acadêmico da escola tradicional européia. Deixou claro que só estava me recebendo como favor a seu amigo Andy. Perguntou-me por que ele deveria reconsiderar minha inscrição, se o departamento já me avaliara. Falando com cuidado, respondi:



– Depois de ter sido recusado, obtive bolsa integral do Departamento de Pesquisa Naval.

Nico retrucou, sério:

– Dinheiro não faz parte de nossos critérios de admissão. Financiamos nossos alunos com verbas de pesquisa. – E depois me olhou fixo. Mais precisamente, me examinou de alto a baixo.

Há momentos essenciais na vida de qualquer um. A pessoa tem sorte quando percebe a ocasião em que eles surgem. Eu soube imediatamente que estava enfrentando um desses momentos. Com toda a deferência que minha personalidade jovem e arrogante conseguiu reunir, eu disse:

– Desculpe, não me referi a dinheiro. Apenas quinze dessas bolsas foram concedidas em todo o país, portanto achei que era uma honra eu ter merecido. Peço desculpas se pareci presunçoso.

Foi a única resposta que encontrei, mas era a verdade. Muito devagar, a expressão gelada de Nico relaxou e nós conversamos por mais alguns minutos.

Depois de me reunir com vários outros membros da universidade, acabei sendo aceito pela Carnegie Mellon, onde concluí meu doutorado. Galguei mais essa muralha, com um enorme empurrão de um mentor e algumas sinceras humilhações.

Até o momento de minha palestra de despedida, jamais contara a meus alunos e colegas da Carnegie Mellon que fora recusado quando me candidatei. Qual seria meu medo? Que não me achassem inteligente o bastante para fazer parte do grupo? Medo de não me levarem a sério?



São interessantes os segredos que a gente decide revelar no fim da vida.

Eu deveria ter contado essa história há muitos anos, porque a moral é a seguinte: se você quer muito uma coisa, jamais desista (e aceite um empurrão, se lhe oferecerem).

As muralhas existem por algum motivo. E uma vez que você as galgou – mesmo com a ajuda de alguém –, é útil contar aos outros como conseguiu.

# 54. Participe de sua comunidade

Nos Estados Unidos temos dado muita ênfase à idéia dos direitos humanos. É assim que deveria ser, mas não faz sentido falar de direitos sem falar também de responsabilidades.

Os direitos precisam ter alguma origem, e essa origem é a comunidade. Em contrapartida, todos nós somos responsáveis pela comunidade. Alguns intitulam essa atitude de "movimento comunitário", mas eu a chamo de senso comum.

Muita gente perdeu essa noção, e em meus vinte anos de magistério notei que cada vez mais alunos não a compreendem. Acham estranho o conceito de que os direitos acompanham as responsabilidades.

No início de cada semestre eu pedia que os alunos assinassem um acordo, descrevendo em linhas gerais suas responsabilidades e seus direitos. Eles se comprometiam a trabalhar em grupos de maneira positiva, comparecer a determinadas reuniões, ajudar os parceiros oferecendo-lhes avaliações sinceras.

Em compensação, todos tinham o direito de assistir às aulas e de ter seu trabalho criticado e exposto.

Alguns alunos torciam o nariz para esse meu acordo. Acho que sei o motivo: nós, adultos, nem sempre somos bons modelos no papel de membros da comunidade. Por exemplo: todos nós acreditamos ter direito a sermos julgados por um júri. E, no entanto, muitos viajam para longe só para não serem convocados a participar de um júri.

Eu queria que meus alunos soubessem que todo mundo precisa contribuir para o bem comum. A recusa pode ser descrita em uma palavra: egoísmo.

Papai nos ensinou isso por meio do exemplo, mas também procurou novas maneiras de ensinar a outras pessoas. Teve uma atitude muito inteligente quando foi delegado da Little League[11] de beisebol.



Ele estava tendo dificuldade em conseguir árbitros voluntários. O trabalho era ingrato, em parte porque toda vez que o juiz marcava um arremesso ou uma jogada, algum garoto ou pai tinha certeza de que a marcação fora errada. Havia também o problema do medo: o juiz tinha de ficar ali no meio, em pé, enquanto garotos quase ou totalmente descontrolados agitavam seus bastões, desferindo violentos golpes em sua direção.

Papai teve uma idéia. Em vez de arranjar adultos como voluntários, fez os jogadores da divisão dos garotos mais velhos servirem de juízes nos jogos dos mais novos. Convenceu-os de que era uma honra alguém ser escolhido para árbitro.

---

[11] Associação americana dos times infantis de beisebol. (N. dos T.)

Essa medida teve diversas repercussões.

Os garotos que se tornaram árbitros entenderam que o trabalho era difícil e nunca mais discutiram a arbitragem. Também gostaram de se ver ajudando os garotos da divisão dos mais jovens. Enquanto isso, os mais novos viam seus modelos mais velhos abraçarem o trabalho voluntário.

Meu pai criara uma nova turma de agentes comunitários. Ele sabia que quando nos unimos aos outros, nos tornamos pessoas melhores.

## 55. Basta pedir

**Na última viagem de meu** pai à Disney, nós dois estávamos aguardando o *monorail* com Dylan, então com 4 anos. Dylan estava ansioso para viajar na cabine em forma de cone, junto ao condutor. Meu pai, que amava parques temáticos, achou que não conseguiríamos.

– É pena não permitirem as pessoas comuns de viajarem ali – disse ele.

Eu retruquei:

– Hum, na verdade, papai, quando trabalhei na equipe de criadores da Disney, aprendi um truque para sentar lá na frente. Quer ver?

Ele concordou.

Então me dirigi ao sorridente encarregado do *monorail* da Disney e disse:

– Por favor, será que nós três poderíamos sentar no carro da frente?

– Claro, senhor – respondeu o atendente. Abriu o portão e nós nos acomodamos nos lugares ao lado do motorista. Foi uma das poucas ocasiões em que vi meu papai ficar totalmente embasbacado.

– Eu avisei que era um truque – eu disse, enquanto o trem corria rumo ao Magic Kingdom. – Não disse que era um *hard trick*.[12]

Às vezes basta pedir.

Sempre fui um sincero adepto dos pedidos. Orgulho-me da vez em que me enchi de coragem e contatei Fred Brooks Jr., um dos mais renomados cientistas da computação de todo o mundo. Depois de um início de carreira na IBM, na década de 1950, Brooks fundou o departamento de Ciência da Compu-

Tudo o que precisamos fazer é pedir.

[12] Na gíria esportiva norte-americana, significa fazer três gols no mesmo jogo. (N. dos T.)

tação da Universidade da Carolina do Norte. É famoso na nossa indústria por esta frase, além de muitas outras brilhantes: "Adicionar recursos humanos a um projeto de software atrasado só serve para atrasá-lo mais ainda" (frase conhecida como "Lei de Brooks").

Eu estava beirando os 30 anos e ainda não o conhecera, então enviei-lhe um e-mail perguntando: "Se eu dirigir da Virgínia à Carolina do Norte, poderia me conceder trinta minutos de seu tempo para conversarmos?"

Ele respondeu: "Considerando a longa estrada que você percorrerá ao volante, eu lhe concederia mais de trinta minutos."

Concedeu-me noventa minutos e se tornou meu mentor por



toda a vida. Anos depois, me convidou para dar uma palestra na Universidade da Carolina do Norte. Essa viagem me levou ao momento mais importante de minha vida: foi quando conheci Jai.

Às vezes basta pedir e todos os seus sonhos se realizam.

Atualmente, em virtude da curta estrada que tenho pela frente, estou me aprimorando em "apenas pedir". Todos sabemos que às vezes os resultados médicos demoram dias. Eu não gostaria de passar o tempo que me resta aguardando notícias médicas. Portanto, sempre peço:

– Haveria um meio mais rápido de eu obter esses resultados?

Muitas vezes ouço esta resposta:

– Ah, poderemos conseguir isso em uma hora.

– Então está bem – digo eu. – Que bom que eu pedi!

Peça. Basta pedir e mais vezes do que você pensa obterá uma resposta favorável.

# 56. Decida-se: Tigrão ou Bisonho

**Quando disse a Jared Cohon,** presidente da Carnegie Mellon, que daria a palestra de despedida, ele comentou:

– Por favor, ensine-os a se divertirem, porque é assim que eu vou me lembrar de você.

E eu retruquei:

– Posso fazer isso, mas é o mesmo que um peixe falando da importância da água.

Quero dizer, eu simplesmente não sei como não me divertir. Estou morrendo e continuo me divertindo. E vou ser assim até o último dia. Porque não há outra maneira de se levar a vida.

Muito cedo cheguei a essa conclusão. Acho que todos nós devemos tomar uma decisão, que parece perfeitamente retratada nos personagens de *O ursinho Pooh*, criados por A. A. Milne. Todos devemos decidir se seremos um Tigrão brincalhão ou um triste Bisonho. Escolha. Acho que fica bem claro de que lado desse debate eu me situo.

No último Dia das Bruxas me diverti muito. Jai, eu e nossos três filhos nos vestimos de "Os Incríveis". Pus uma foto nossa em minha página na internet para todo mundo ver nossa família "Incrível". Os garotos ficaram lindos. Eu parecia invencível, com meus falsos músculos de papelão. Expliquei que a quimioterapia não tinha afetado drasticamente meus superpoderes e recebi milhares de e-mails alegres.

A quimioterapia não afetou meus superpoderes.

Recentemente, tirei uns dias de folga para mergulhar com três de meus melhores amigos: Jack Sheriff, colega de colégio; Scott Sherman, colega de quarto na universidade; e Steve Seabolt, meu amigo da Electronic Arts. Todos nós sabíamos o subtexto: amigos de várias épocas de minha vida, se reunindo para me proporcionar um fim de semana de despedida.

Os três não se conheciam muito bem, mas logo os laços se estreitaram. Somos todos adultos, mas na maior parte dessas férias parecíamos garotos de 13 anos. E todos Tigrões.

Felizmente, conseguimos evitar as conversas emotivas do tipo "Eu te adoro, cara!", em conseqüência de meu câncer. Em vez disso, apenas nos divertimos. Trocamos reminiscências, brincamos e fizemos piadas uns com os outros. (Na verdade, na maioria das vezes eles fizeram piada sobre *mim*, em razão da fama de "Santo Randy de Pittsburgh", que eu adquirira depois de minha última palestra, título com que eles não concordam porque me conhecem bem.)



Não desisti de meu lado Tigrão. Simplesmente não consigo ver a vantagem de me transformar em um Bisonho. Alguém me perguntou o que eu quero que escrevam na lápide de meu túmulo. E eu respondi: "Randy Pausch: viveu trinta anos depois de receber o diagnóstico de uma doença terminal."

Garanto que iria me divertir muito nesses trinta anos. Mas se não tivesse feito isso, me contentaria em me divertir no tempo que me resta.

## 57. Um meio de entender o otimismo

**Depois que eu soube que** estava com câncer, um de meus médicos me aconselhou:

– É importante você se comportar como se ainda fosse estar por aqui algum tempo – disse.

Eu já me adiantara a ele.

– Doutor, eu acabei de comprar um conversível novo e me submeti a uma vasectomia. O que mais o senhor quer?

Vejam, não pretendo negar minha situação. Estou mantendo a percepção realista do inevitável. Estou vivendo e morrendo. Mas, ao mesmo tempo, estou vivendo muito, porque ainda estou vivo.

Alguns oncologistas marcam consultas com seis meses de antecedência. Para os pacientes, é um sinal otimista da expectativa de vida que os médicos prevêem. São doentes terminais que olham para o cartão do médico em seus quadros de avisos e pensam: "Vou durar até essa data. E quando chegar lá, receberei boas notícias."

Herbert Zeh, meu cirurgião de Pittsburgh, se mostra preocupado com pacientes inadequadamente otimistas ou desinformados. Ao mesmo tempo, ele se aborrece quando amigos e familiares dos pacientes lhes dizem que precisam ser otimistas ou o tratamento não funcionará. Zeh se aflige ao ver pacientes enfrentarem um dia duro de tratamento e acharem que isso ocorreu porque não foram suficientemente otimistas.

Para mim, o otimismo é um estado mental que permite realizar coisas tangíveis e melhorar o estado físico. Se você for otimista, estará mais apto a suportar as pesadas sessões da quimioterapia ou a continuar buscando tratamentos médicos mais recentes.

O dr. Zeh diz que sou "seu garoto-propaganda do equilíbrio saudável entre otimismo e realismo". Ele me vê enfrentar o câncer como outra experiência de vida.

Mas adoro pensar que minha vasectomia serve tanto para o controle da natalidade quanto como um gesto otimista a respeito de meu futuro. Adoro sair dirigindo meu novo conversível. Adoro pensar que talvez eu descubra um meio de me tornar o único sujeito, em um milhão, capaz de vencer um câncer terminal. Mas mesmo que não consiga, essa atitude mental me ajuda a superar os obstáculos do dia-a-dia.

## 58. As manifestações recebidas

**Desde que minha palestra de** despedida começou a se espalhar na internet, venho recebendo manifestações de carinho de pessoas que conheci ao longo dos anos, desde vizinhos de infância até velhos conhecidos. E sou grato por tantas palavras e pensamentos calorosos.

Tem sido um prazer ler mensagens de antigos alunos e colegas. Um colega de trabalho relembrou um conselho que lhe dei quando ele ainda não era membro efetivo da universidade. Dizia que eu o advertira a prestar atenção a todo e qualquer comentário feito pelos chefes de departamento. (Ele recorda que eu lhe disse: "Quando o chefe sugerir casualmente que você talvez devesse fazer algo, lembre-se de um cabresto.") Um ex-aluno me mandou um e-mail dizendo que eu o ajudara a se inspirar para criar uma página de auto-ajuda na internet, intitulada "Pare de sugar e leve uma vida plena", destinada a ajudar pessoas que vivem abaixo de seu próprio potencial. Esse título lembrava minha filosofia, embora não exatamente com estas palavras.

E só para manter o tom, do departamento "Coisas que *nunca* mudam" recebi um bilhete de uma paixão não-correspondida do tempo de escola, me desejando melhoras e me lembrando gentilmente de que, à época, eu era estranho demais para ela (e também deixando escapulir que se casara com um médico, um doutor "de verdade").

Mais seriamente, milhares de desconhecidos têm me escrito, me animando com seus votos de melhoras. Muitos compartilham experiências a respeito da maneira pela qual eles e seus entes queridos enfrentaram perdas e mortes.



Certa mulher que perdera o marido de 48 anos com câncer pancreático explicou que a "última palestra" do marido foi para um pequeno público: ela, os filhos, os pais e os irmãos. Ele agradeceu a todos a orientação e o amor, relembrou lugares que visitaram juntos e disse-lhes o que mais lhe importara em toda a vida. Essa mulher dizia que o aconselhamento ajudara a família, depois da morte do marido: "Sabendo o que eu sei agora, a sra. Pausch e seus filhos terão necessidade de conversar, chorar e lembrar."

Outra mulher, cujo marido falecera em decorrência de um tumor cerebral quando os filhos tinham 3 e 8 anos, oferecia informações para eu transmitir a Jai. Escreveu: "Pode-se sobreviver ao inimaginável. Os filhos serão uma tremenda fonte de amor e conforto, e o melhor motivo para acordar de manhã e sorrir."

E prosseguia: "Aceite a ajuda que lhe oferecerem enquanto Randy ainda vive, para poder desfrutar de seu tempo com ele.

Aceite a ajuda que lhe oferecerem quando ele não estiver mais aqui, para ter forças para o mais importante. Junte-se a outros que sofreram esse tipo de perda. Serão um conforto para você e para seus filhos." Essa mulher sugeria que Jai tranqüilize nossos filhos, quando forem mais velhos, de que terão vida normal: formaturas, casamentos, filhos. "Quando um dos pais morre cedo, algumas crianças pensam que os outros eventos do ciclo normal da vida talvez não aconteçam para eles."

Recebi uma mensagem de um homem de quarenta e poucos anos com sérios problemas cardíacos. Ele me escreveu para me falar de Krishnamurti, um líder espiritual indiano falecido em 1986, a quem certa vez perguntaram o que era mais importante para se dizer a um amigo moribundo. Krishnamurti respondeu: "Diga a seu amigo que quando ele morrer, uma parte de você irá com ele. Aonde quer que ele vá, você também irá. Ele não estará só." Em sua mensagem eletrônica o homem dizia: "Eu sei que você não está só."



Também me comovi com comentários e votos de melhoras que recebi de pessoas famosas, que entraram em contato em conseqüência da palestra. Por exemplo, Diane Sawyer, âncora de um jornal de TV, me entrevistou e, com as câmeras já desligadas, me ajudou a pensar mais claramente nos meios genuínos que eu deixaria para meus filhos. Diane me deu um conselho fantástico. Eu sabia que deixaria para meus filhos cartas e vídeos. Mas ela me disse que o fundamental seria lhes contar algumas particularidades exclusivas de meu relacionamento com eles. Então venho pensando muito a respeito. Decidi dizer para cada filho algo assim: "Adoro seu jeito de inclinar a cabeça para trás quando ri." Eu lhes darei lembranças específicas, a que possam recorrer.

A dra. Reiss, terapeuta que Jai e eu freqüentamos, tem me ajudado a descobrir estratégias para evitar meu descontrole durante os estressantes exames periódicos da doença, e assim consigo me concentrar em minha família de coração aberto, com visão positiva e quase toda a minha atenção. Passei boa parte da vida duvidando da eficácia da terapia. Hoje, contra a parede, vejo que pode ser extremamente útil. Gostaria de visitar departamentos de oncologia explicando isso para pacientes que tentam resistir sozinhos.



Muitas e muitas pessoas têm me escrito a respeito de temas religiosos. Aprecio-lhes os comentários e as orações.

Fui criado por pais que acreditavam que a fé era algo muito pessoal. Não discuti religião em minha palestra de despedida, porque queria falar sobre princípios universais que se aplicam a todas as crenças, queria compartilhar o que aprendi por meio de meu relacionamento com as pessoas.

É claro que alguns desses relacionamentos encontrei na igreja. A sra. M. R. Kelsey, de nossa igreja, costumava me fazer companhia no hospital todos os dias durante os 11 dias após a cirurgia. E desde que recebi o diagnóstico, o pastor tem sido muito prestativo. Freqüentávamos a mesma piscina em Pittsburgh, e no dia seguinte em que eu soube de minha condição terminal, nos encontramos lá. Ele estava sentado à beira da piscina e eu subi ao trampolim. Pisquei para ele e depois pulei.

Quando cheguei à borda da piscina, ele me disse:

– Você parece o modelo da boa saúde, Randy. – Eu lhe expliquei:

– Trata-se de uma dissonância cognitiva. Sinto-me bem e estou com ótima aparência, mas ontem soubemos que meu câncer voltou e os médicos dizem que só tenho de três a seis meses de vida.

Desde então temos conversado a respeito de melhorar meu preparo para enfrentar a morte.



– Você tem seguro de vida, não tem? – indagou.

– Sim, está tudo em ordem – respondi.

– Bem, você também precisa de um seguro emocional – disse ele. E então me explicou que os prêmios do seguro emocional seriam pagos com meu tempo, e não com meu dinheiro.

Com esse objetivo, sugeriu que eu passasse horas fazendo vídeos com meus filhos para eles terem um registro de nossas brincadeiras e risadas. Daqui a alguns anos eles poderão ver com facilidade como brincávamos e interagíamos. Ele também me deu idéias de determinadas providências que eu poderia tomar no intuito de deixar para Jai um registro de meu amor.

– Se você cobrir os prêmios de seu seguro emocional agora, enquanto está se sentindo bem, eles lhe pesarão menos nos próximos meses. Você ficará mais tranqüilo.

Meus amigos. Meus entes queridos. Meu pastor. Pessoas desconhecidas. Todos os dias recebo manifestações de pessoas que me desejam bem e me incentivam. Na verdade, tenho visto exemplos do que há de melhor na humanidade e sou muito grato por isso. Jamais me senti só nesta viagem que empreendo.

# VI
# COMENTÁRIOS FINAIS

# 59. Sonhos para meus filhos

**Há muitas coisas que quero** dizer a meus filhos, mas, neste momento, eles são crianças demais para entender. Dylan acabou de completar 6 anos, Logan tem 3 e Chloe, 1 ano e meio. Quero que as crianças me conheçam, conheçam minhas convicções e todas as formas pelas quais as amei. Por causa de suas idades, esquecerão boa parte.

Gostaria que elas pudessem entender que tento desesperadamente não deixá-las.

Jai e eu ainda não lhes contamos que estou morrendo. Fomos aconselhados a esperar até eu ter mais sintomas. Neste exato momento, embora tenham me dado apenas alguns meses de vida, ainda pareço bastante saudável. E, portanto, meus filhos continuam sem saber que em todos os nossos encontros estou me despedindo.

É doloroso pensar que não terão um pai quando ficarem mais velhos. Quando choro no chuveiro, em geral não estou pensando "não os verei fazendo isso", ou "não os verei fazendo aquilo". Penso no fato de eles não terem pai. Concentro-me mais no que eles perderão do que no que eu perderei. Sim, parte de minha tristeza é "eu não isso, eu não aquilo...". Porém, uma parte maior se aflige por eles. Fico pensando: "eles não isso... eles não aquilo...". É o que fica ruminando dentro de meu peito, quando permito.

Sei que eles se lembrarão de mim talvez de uma maneira um tanto confusa. Por isso eu tento fazer com eles atividades que considerarão inesquecíveis. Quero que suas recordações sejam as mais nítidas possíveis. Dylan e eu tiramos uns dias de férias para nadar com os golfinhos. Uma criança não esquece facilmente que nadou com golfinhos. Tiramos muitas fotos.



Vou levar Logan à Disney, lugar que com certeza ele vai amar tanto quanto eu. Gostará de conhecer o Mickey Mouse. Eu já

Criando lembranças com Dylan.

Logan, o Tigrão supremo.

o conheço e, portanto, posso fazer as apresentações. Jai e eu também vamos levar Dylan, pois Logan parece não considerar suas experiências completas sem a participação do irmão mais velho.

Todas as noites, na hora de dormir, quando pergunto a Logan qual foi a melhor parte de seu dia, ele sempre responde: "Brincar com Dylan." Quando lhe pergunto a pior parte do dia, ele também responde: "Brincar com Dylan." Basta isso para se perceber quanto são unidos.

Tenho consciência de que Chloe não se lembrará de mim. Ainda é pequena demais. Porém, quero que ela cresça sabendo que fui o primeiro homem a se apaixonar por ela. Sempre achei que o relacionamento de pai e filha era descrito com exagero. Mas posso afirmar que é real. Às vezes, ela me olha e eu me derreto.

Há muitas coisas que Jai poderá contar a nossos filhos a meu respeito, quando eles ficarem mais velhos. Ela poderá lhes falar de meu otimismo, do modo com que aceitei tudo me divertindo, dos elevados padrões que tentei estabelecer em minha vida. De forma prudente, poderá lhes contar algumas coisas que me exasperavam; minha maneira excessivamente analítica de abordar a vida, minha insistência (muito freqüente) em saber mais. Porém, Jai é modesta, muito mais modesta do que eu, e talvez não conte a nossos filhos que durante todo o nosso casamento ela tinha a seu lado um sujeito que de fato a amava, verdadeira e profundamente. E não irá querer lhes contar os sacrifícios que fez. Qualquer mãe de três filhos pequenos se consome cuidando deles. Acrescente-se um marido vitimado pelo câncer e o resultado será uma mulher sempre atenta às necessidades alheias, e não às suas próprias. Quero que meus filhos saibam quanto Jai foi abnegada cuidando de todos nós.

Ultimamente venho fazendo questão de falar com pessoas que perderam os pais muito cedo. Quero saber o que as ajudou a atravessarem os tempos difíceis e quais as lembranças mais significativas que guardam.



Algumas me contaram que lhes servia de consolo saber quanto o pai e a mãe as amaram. Quanto mais sabiam, mais conseguiam sentir esse amor.

Também procuravam motivos para se orgulhar; procuravam acreditar que os pais eram pessoas incríveis. Algumas buscavam pormenores sobre as realizações deles. Algumas preferiram construir mitos. Mas todas ansiavam saber o que tornara seus pais especiais.

Essas pessoas também me disseram algo mais. Como tinham poucas lembranças dos pais, achavam reconfortante saber que, ao falecerem, guardavam maravilhosas recordações a respeito dos filhos.

Com esse objetivo, quero que meus filhos saibam que minhas lembranças deles ocupam toda a minha mente.

Vamos começar com Dylan. Admiro quanto ele é amoroso e solidário. Se outra criança se machuca, Dylan oferece-lhe um brinquedo ou um cobertor.

Outro traço que vejo em Dylan: ele é analítico como o pai. Já percebeu que as perguntas são mais importantes do que as respostas. Muitas crianças perguntam: "Por quê? Por quê? Por quê?" Uma das regras de nossa casa é não se fazer perguntas de duas palavras, e Dylan respeita essa idéia. Adora formular frases interrogativas completas e é muito curioso para a idade. Lembro-me de que seus professores do pré-escolar o elogiavam dizendo: "Quando estamos com Dylan, pensamos: gostaria de ver o adulto em que esta criança se transformará."

Dylan também é o rei da curiosidade. Onde quer que esteja, está sempre procurando algo e pensando: "Opa, há algo ali! Vamos dar uma olhada, pegar ou desmontar." Diante de uma cerca de estacas brancas, algumas crianças arrastam uma vareta para ouvir o barulho "tac, tac, tac". Dylan faz mais. Usa a vareta para forçar e afrouxar uma estaca e depois a usa para produzir esse barulho, porque é mais grossa e soa melhor.



Logan, por sua vez, transforma tudo em aventura. Quando nasceu, ficou preso no canal vaginal. Foram necessários dois médicos, puxando com fórceps, para ele vir ao mundo. Lembro-me de um dos médicos, com o pé na mesa, puxando com toda a força. Em determinado momento, esse médico virou-se para mim e disse:

– Caso isto não funcione, apelarei para correntes e Clydesdales.[13]

---

[13] Raça de cavalos escoceses usados para transporte de carga pesada. (N. dos T.)

A passagem era estreita demais para Logan. Como ele ficou muito tempo apertado no canal vaginal, quando nasceu seus braços não se mexiam. Ficamos preocupados, mas não por muito tempo. Tão logo ele começou a se mexer, nunca mais parou. Ele é uma fenomenal bola de energia positiva, forte e sociável. Quando sorri, sorri com o rosto inteiro; é o Tigrão supremo. Também é uma criança disposta a tudo e que se torna amigo de todos. Tem apenas 3 anos, mas prevejo que será o diretor social do grêmio acadêmico.

Enquanto isso, Chloe é inteiramente feminina. Digo isso com um pouco de espanto, porque até ela chegar eu não entendia bem o que isso significava. Chloe estava programada para o setor de cesarianas, porém a bolsa de Jai se rompeu e Chloe deslizou para fora pouco antes de chegarmos ao hospital. (Essa é minha descrição. Jai talvez diga que "deslizou para fora" é uma frase que só um homem poderia dizer!) Em todo caso, carregar Chloe pela primeira vez, olhar seu rostinho de menina, talvez tenha sido um dos momentos espirituais mais intensos de toda a minha vida. Senti uma ligação diferente da que tinha com os meninos. Agora pertenço ao fã-clube de minha filha.



Adoro observar Chloe. Ao contrário de Dylan e de Logan, fisicamente tão destemidos, ela é prudente, talvez até mesmo dengosa. Instalamos uma portinhola de proteção no alto da escada, mas Chloe não precisa, porque se esforça ao máximo para não se machucar. Para Jai e para mim, acostumados a ver dois garotos rolando escada abaixo sem temer o perigo, a experiência é nova.

Amo meus três filhos completamente e de maneiras diferentes. E quero que saibam que eu os amarei enquanto eles viverem. Prometo.

Em razão de meu tempo limitado, precisei pensar em meios para reforçar meus vínculos com eles. E assim estou construindo listas separadas de minhas lembranças de cada um de meus filhos. Estou fazendo vídeos para eles poderem me ver falar sobre o que significaram para mim. Estou lhes escrevendo cartas. Considero o vídeo da palestra de despedida – e este livro também – pedaços de mim mesmo que posso lhes deixar. Tenho uma enorme caixa de plástico repleta de correspondências recebidas nas semanas posteriores à palestra. Um dia talvez meus filhos queiram examinar essa caixa e espero que fiquem satisfeitos ao descobrirem que amigos e estranhos acharam válida minha lição final.



Como defensor do poder dos sonhos de infância, ultimamente algumas pessoas têm me perguntado sobre os sonhos que tenho para meus filhos.

Minha resposta é clara.

Os pais não devem ter sonhos muito específicos quanto ao futuro dos filhos. Como professor, muitas vezes vi calouros insatisfeitos escolhendo cursos inteiramente impróprios. Os pais os colocavam em um determinado trem e o resultado freqüente era o trem descarrilar, a julgar pela choradeira em meu escritório.

Em minha opinião, a função dos pais é encorajar os filhos a desenvolverem a alegria de viver e uma grande necessidade de seguirem os próprios sonhos. O máximo que podemos fazer é ajudá-los a criarem um conjunto de ferramentas pessoais para essa tarefa.

Meus sonhos para meus filhos, portanto, são muito precisos: quero que cada qual encontre seu caminho para a realização. E como não estarei aqui, quero deixar bem claro: crianças, não tentem imaginar o que eu gostaria que vocês se tornassem. Quero que se tornem aquilo que quiserem se tornar.

Vi muitos alunos passarem por minhas aulas e conheci muitos pais que não percebem o poder das próprias palavras. Dependendo da idade da criança, ou da consciência que tem de si mesma, um comentário desastroso do pai ou da mãe pode ser tão devastador como uma escavadeira. Não sei bem se deveria ter comentado que quando crescer Logan acabará sendo diretor do grêmio acadêmico. Não quero que ele chegue à universidade pensando que eu esperava que ele aderisse a um grêmio, fosse um líder ou qualquer outra coisa. A vida de Logan será dele. Só quero insistir para que meus filhos encontrem o próprio caminho com entusiasmo e paixão. E quero que sintam como se eu estivesse ali com eles, independentemente do caminho que escolherem.

# 60. Jai e eu

Toda família que lida com câncer sabe: quem cuida dos doentes é freqüentemente jogado para escanteio. Os pacientes costumam monopolizar a atenção, ser objeto de adulação e simpatia. Quem cuida faz o trabalho pesado e quase não tem tempo para lidar com as próprias dores e tristezas.

Minha mulher, Jai, além de cuidar do marido doente, ainda se encarrega de três filhos pequenos. Por isso, enquanto eu me preparava para dar a palestra de despedida, tomei uma decisão. Se essa palestra significaria um momento meu, eu queria de algum modo mostrar a todo mundo quanto a amo e valorizo.

E aconteceu assim: quase no fim de minha exposição, revi as lições que aprendera na vida e mencionei a importância fundamental de se concentrar em outras pessoas, e não apenas em si próprio. Olhei para os bastidores e perguntei:

– Será que nós temos por aqui algum exemplo concreto dessa concentração em outra pessoa? Poderíamos mostrar?

Jai fizera aniversário na véspera e eu providenciei um grande bolo de aniversário com uma vela e pedi para deixarem nos bastidores aguardando o momento para ser trazido ao palco em um carrinho de chá. Enquanto o bolo era empurrado até o palco por Cleah Schlueter, uma amiga de Jai, eu explicava para a platéia que não comemorara adequadamente o aniversário de minha mulher e que tivera a idéia de convidar quatrocentas pessoas para lhe cantarem parabéns. Todos aplaudiram e começaram a cantar.

– "Parabéns pra você... Parabéns pra você..."

Percebi que algumas pessoas talvez não soubessem o nome da aniversariante, e me apressei a informar:



– O nome dela é Jai.

– "Parabéns, querida Jai..."

Foi maravilhoso. Até as pessoas que assistiam à palestra pelo telão instalado fora do auditório superlotado começaram a cantar.

Ao ver todo mundo cantando, arrisquei-me a olhar para Jai. Sentada na primeira fila, ela enxugava lágrimas sorrindo de surpresa e parecendo tão bonita, tímida e bela, encantada e perplexa...

Há tantas coisas que Jai e eu conversamos enquanto nos preparamos para ela enfrentar a vida depois que eu partir. Feliz é um termo estranho para descrever minha situação, mas em parte me sinto afortunado por não ter sido atropelado pelo ônibus do acaso. O câncer me deu tempo para essas conversas imprescindíveis com Jai, o que seria impossível se meu destino fosse um infarto ou um acidente de carro.

De que falamos?

Para começar, nós dois tentamos relembrar que alguns dos melhores conselhos que já ouvimos a respeito de como lidar com um doente partiu de comissários de bordo: "Coloque primeiro sua máscara de oxigênio antes de auxiliar os outros." Jai trata tão bem dos outros que muitas vezes se esquece de cuidar de si mesma. A pessoa física ou emocionalmente deprimida não pode ajudar outras, muito menos crianças pequenas. Portanto, não é fraqueza nem egoísmo dedicar uma fração do dia para ficar só, recarregando as baterias. Em minha experiência de pai, descobri que é difícil fazer essa recarga na presença de filhos pequenos. Jai sabe que precisará se permitir tratar a si mesma como prioridade.



Eu também lhe lembrei que vai cometer erros e deve aceitá-los. Se eu estivesse vivo, cometeríamos esses erros juntos. Erros fazem parte do processo de criar filhos e ela não deve atribuí-los ao fato de estar educando-os sozinha.

Alguns pais ou mães sem parceiro caem na armadilha de tentar compensar, dando aos filhos coisas materiais. Jai sabe: bem material algum pode preencher a ausência de um pai, e ainda pode causar danos reais à formação da criança.

Talvez Jai, como tantos outros pais e mães, enfrente os anos de maior desafio quando os filhos chegarem à adolescência. Como eu estive sempre cercado de alunos, gostaria de pensar que me sairia bem como pai de adolescentes. Seria rigoroso, mas entenderia as atitudes. Portanto, lamento por não estar presente para ajudar Jai quando chegar essa ocasião.

Mas o lado bom é que outras pessoas – amigos e família – também desejarão ajudá-la, e Jai pretende aceitar. Todas as crianças necessitam de uma estrutura de pessoas que as amem, e isso vale especialmente para as crianças que perderam um dos pais. Recordo-me de meus pais: eles sabiam que não poderiam ser as únicas influências essenciais em minha vida. Por isso papai me levou para jogar futebol com Jim Graham. Jai saberá buscar algum treinador Graham para nossos filhos.

Quanto à pergunta óbvia, eis aqui minha resposta: desejo, sobretudo, que Jai seja feliz no futuro. Portanto, se ela vier a encontrar a felicidade em novo casamento, tudo bem. Se vier a encontrar a felicidade sem se casar novamente, tudo bem,



também.

Jai e eu nos esforçamos ao máximo durante nosso casamento. Aprimoramos muito nossa comunicação, a percepção das necessidades e das forças do outro, e a busca de novos aspectos para nos amarmos mutuamente. Portanto, ficamos tristes ao perceber que não viveremos toda essa riqueza de nosso casamento nos próximos trinta ou quarenta anos. Não chegaremos a colher os frutos dos grandes esforços que fizemos até agora. Apesar disso, nada nos levaria a trocar nossos oito anos de casamento.

Sei que até agora tenho lidado muito bem com meu diagnóstico. Jai também. Ela costuma dizer: "Ninguém precisa chorar por mim." E está sendo sincera. Mas também queremos ser honestos. Embora o aconselhamento tenha nos ajudado demais, temos passado por momentos muito difíceis. Choramos juntos na cama, caímos no sono, acordamos e choramos novamente. Temos suportado, em parte nos concentrando nas tarefas imediatas. Não podemos desmoronar. Conseguimos dormir um pouco porque um de nós precisa se levantar de manhã e preparar a refeição das crianças. Essa pessoa, diga-se, é quase sempre Jai.

Recentemente comemorei meus 47 anos e Jai se debateu com esta pergunta: "O que darei para o homem que amo no dia de seu último aniversário?" Optou por um relógio e uma TV de tela grande. Apesar de eu não ser fã de televisão – acho o maior desperdício de tempo da humanidade –, o presente foi totalmente apropriado, pois no fim ficarei muito tempo na cama. A TV será um de meus últimos vínculos com o mundo exterior.



Há dias em que Jai me diz coisas que eu praticamente não sei responder. Ela me diz: "Não consigo me imaginar rolando nesta cama sem você." E: "Não consigo me ver levando as crianças para as férias sem você conosco." E: "Randy, é sempre você quem planeja. Quem vai planejar?"

Não me preocupo. Jai saberá planejar tudo muito bem.

☆ ☆ ☆

Eu não tinha idéia do que fazer ou dizer depois que a platéia cantou parabéns para Jai. Mas quando lhe pedi para subir ao palco e ela se aproximou de mim, tive um impulso natural. E acho que ela também. Nós nos abraçamos e nos beijamos, primeiro nos lábios, depois a beijei no rosto. A platéia aplaudiu muito. Nós ouvíamos, porém, como se estivéssemos a quilômetros de distância das pessoas.

Ainda abraçados, Jai sussurrou em meu ouvido:

– Por favor, não morra.

Parece um diálogo hollywoodiano. Mas foi o que ela disse. E eu apenas a abracei com mais força.

# 61. Os sonhos virão até você

**Durante vários dias me preocupei** achando que seria incapaz de concluir minha palestra sem perder a fala. Portanto, adotei um plano de contingência. Coloquei as últimas frases da palestra em quatro *slides*. Se nesse momento, no palco, eu ficasse mudo de emoção, meu plano era exibir os *slides* em silêncio e depois dizer apenas: "Muito obrigado a todos pela presença."

Fiquei no palco durante pouco mais de uma hora. Os efeitos colaterais da quimioterapia, o fato de ficar de pé e as emoções da ocasião faziam eu me sentir realmente esgotado.

Ao mesmo tempo, invadiu-me uma sensação de paz e realização. Minha vida completara um círculo. Primeiro listei meus sonhos de infância, de quando tinha 8 anos. Agora, passados 38 anos, essa mesma lista me ajudou a dizer o que eu precisava dizer e ir até o fim.

Muitos pacientes de câncer dizem que a doença os faz apreciar a vida de um modo novo e mais profundo. Alguns chegam a declarar que são gratos à enfermidade. Eu não tenho essa gratidão para com meu câncer, embora seja grato por saber antecipadamente de que morrerei. Além de me permitir preparar minha família para o futuro, esse tempo me deu a oportunidade de ir até a Carnegie Mellon e realizar minha palestra de despedida. Em certo sentido, permitiu-me "sair do campo em plena forma".

E minha lista de sonhos de infância continuou a servir para muitos propósitos. Sem ela, quem sabe se eu teria sido capaz de agradecer a todas as pessoas que mereciam meus agradecimentos? Em suma, essa pequena lista permitiu que eu me despedisse das pessoas que tanto significaram para mim.



Outra coisa: por ser um cara da área de alta tecnologia, nunca entendi inteiramente os artistas e atores que conheci e aos quais lecionei durante anos. Às vezes eles mencionavam assuntos pessoais "que precisavam vir à tona". Eu classificava essa atitude como auto-indulgência. Antes eu tivesse sido mais compreensivo. Aquela hora que passei no palco me ensinou uma coisa. (Pelo menos eu ainda estava aprendendo!) Eu também tinha dentro de mim assuntos que precisavam desesperadamente vir à tona. Não fiz aquela palestra apenas porque *quis*. Fiz porque precisava fazer.

Também sabia por que as últimas frases me emocionariam tanto: porque o fim do discurso precisaria transparecer minha opinião sobre o fim de minha vida.

Enquanto relaxava, aproveitei um minuto para rever alguns pontos principais da palestra. E então fiz um resumo, mas distorcendo-o um pouco: uma surpresa final, se preferirem. E falei:

– Portanto, a palestra de hoje tratou da realização dos sonhos de infância. Mas vocês descobriram onde está o truque?

Fiz uma pausa. A platéia ficou em silêncio.

– O importante não é a maneira de se realizar os sonhos. O importante é a maneira de se conduzir a vida. Se você conduz a vida de maneira correta, o carma se resolve por si. Os sonhos virão até você.

Passei para o *slide* seguinte e uma pergunta preencheu o telão: "Descobriram o segundo truque?"

Respirei fundo. Decidi falar muito mais depressa do que até então. Pensei que, se falasse mais rápido, talvez conseguisse concluir a palestra. Repeti as palavras do telão:



– Descobriram o segundo truque?

Então fiz a revelação: a palestra não se destinava apenas àquela platéia.

– Fiz isso para meus filhos.

Mostrei o último *slide*: uma foto tirada junto ao balanço lá de casa, na qual apareço segurando o sorridente Logan com o braço direito, a doce Chloe com o esquerdo, e Dylan sentado em meus ombros, todo feliz.

# Agradecimentos

Meus sinceros agradecimentos a Bob Miller, David Black e Gary Morris. Agradeço de modo especial a grande gentileza e a total integridade de nosso editor Will Balliett, bem como o profissionalismo e o incrível talento de Jeffrey Zaslow.

☆ ☆ ☆

O rol de pessoas a quem devo agradecimentos não caberia nesta página. Felizmente, as páginas da internet possuem barras de rolamento: visitem www.thelastlecture.com, para encontrar a lista completa de agradecimentos. Nessa página também é possível ver o vídeo de minha "palestra de despedida".

☆ ☆ ☆

Vou perder a vida para um câncer de pâncreas. Trabalhei com duas organizações dedicadas à luta contra essa doença:

The Pancreatic Cancer Action Network
www.pancan.org

The Lustgarten Foundation
www.lustgarten.org

☆ ☆ ☆

Para saber mais: www.alicaofinal.com.br.

# Os Autores

**Randy Pausch** é professor de Ciência da Computação, Interação Homem-Computador e Design na Carnegie Mellon University. De 1988 a 1997, foi professor na Universidade da Virgínia. Pesquisador e professor premiado, já trabalhou com as empresas Adobe, Google, Electronic Arts (EA) e Walt Disney Imagineering, além de ser o fundador do projeto Alice – software que ensina linguagem de programação para crianças com base em histórias e jogos interativos. Randy mora na Virgínia com a esposa e os três filhos.

**Jeffrey Zaslow**, colunista do *Wall Street Journal*, assistiu à palestra de despedida e escreveu a matéria que ajudou a torná-la conhecida mundialmente. Zaslow mora em Detroit com a esposa, Sherry, e as filhas Jordan, Alex e Eden.

Este livro foi composto em Adobe Garamond
e impresso pela RR Donnelley sobre
papel pólen soft 80g para a Agir em maio de 2008